朝日新書
Asahi Shinsho 810

あなたのウチの埋蔵金

リスクとストレスなく副収入を得る

荻原博子

JN054117

朝日新聞出版

はじめに――さあ、一緒に「埋蔵金発掘」の旅に出かけましょう！

新型コロナの影響で、「不要不急の外出を控えよ」と言われ、家で鬱々とした生活をしてきた方が多いことと思います。

すでに収入の減少に見舞われている方もいるでしょう。

給料が今後カットされるというサラリーマンや、これからの負担増が心配でたまらない年金生活の高齢者の方々も、この本を手にされたかもしれません。

何もしなかったら、不安なままで、何も始まらない。

そこで、家にいながら、一緒に収入を上げる方法を考えてみましょう。

とはいえ、今のような「株だけバブリー」という時に投資をするのは、リスクが大きい。投資というのは、失ってもいいお金でするもので、そんな余裕はないという人が多いでしょう。

だとしたら、まず、自分の足元に「お宝」がないか探してみましょう。

その「お宝」とは、あなたの家に眠っている「埋蔵金」です。

本書でいう「埋蔵金」とは、転職や起業、しんどい副業、リスクの高い投資、つらい節約など、「ストレスのかかること」をせず、家計と生活の見直しだけで生まれるお金のこと。

それを掘り起こせば、今より家計が楽になります。

キャッシュレス決済のサービスを上手に利用すれば、生活水準をまったく落とさずに出費をカットできます。ｉＤｅＣｏ（個人型確定拠出年金）を活用すれば、年間10万円もの節税が視野に入ってきます。**捨ててしまっているドラッグストアのレシートだって、現金になります。**

国民年金には、月々わずかの掛け金プラスで、支給が一生手厚くなる制度があります。年金生活の高齢者は、多額の医療費がかかる方も多いですが、きちんと確定申告をすれば現役世代同様に医療費控除が受けられます。

また、国民健康保険の仕組みを知れば、ムダに払っていた生命保険や医療保険をやめられ、年間何万円ものお金が手に入ります。

「郵便局」には、もらい忘れの保険金が、約1300億円もあります。死ぬまでもらえる企業年金も、約115万人の人がもらい忘れています。「消えた年金」も時効がなくなっていますから、人によってはもらえる年金が生涯にわたって増えるかもしれません。

結婚や出産、親の介護から引っ越しまで、知っておくとありがたい「手当」という名の「埋蔵金」だっていろいろとあります。

ここまで読んで気づいた方もいるかもしれません。そう、**この本で紹介する「埋蔵金」は一回掘ったらおしまいではなく、毎月毎年、場合によっては一生「出てくる」ものが多い**ということに――。

そんな、わくわくするような「埋蔵金」を、一緒に発掘してみませんか！

人生が、ちょっぴり楽しくなるかもしれませんよ。

経済ジャーナリスト　荻原博子

あなたのウチの埋蔵金

リスクとストレスなく副収入を得る

目次

第1章

保険と年金でザクザク……15

第②章 預金まわりでザクザク

第③章 申請だけでザクザク

第④章

財布と部屋からザクザク

第5章 生きてるだけでザクザク……181

デザイン、図版＝師田吉郎

Came out in plenty.

第1章 保険と年金でザクザク

「埋蔵金保険」で保障もお金も確保する

新型コロナで家計が大変になっている中で、月々の保険料は払うのが苦しいけれど、将来の保障は欲しいという人もいることでしょう。

だとしたら、検討の価値があるのが、今の保険を「払い済み保険」にすること。すでに生命保険や終身保険など、貯蓄性のある保険に入っている人は、その保険を「払い済み保険」にすると、それ以後**月々の保険料を支払わなくても一定の保障が継続され、場合によっては解約返戻金ももらえます。これはいってみれば「埋蔵金保険」です。**

「払い済み保険」の仕組みを簡単に言えば、今ある保障よりも保障額が小さくなるかわ

「払い済み保険」の仕組み

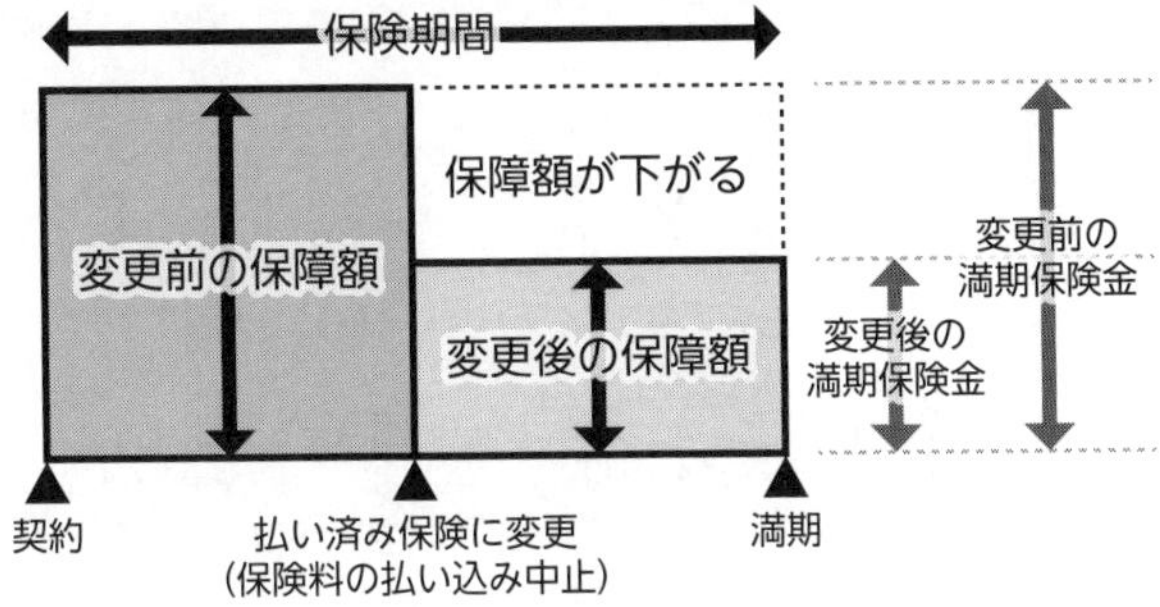

り、一定期間は保険料を支払わずに保険に入り続けることができるというもの。さらに、保険をやめた時には、ある程度の解約返戻金を手にすることができるものが多いです。

貯蓄型の保険の場合、保障をつけながら、貯金もしています。わかりやすく言えば、この貯金の部分で、新たに一括で小さな保障を買うという感じです。つまり、保障は減りますが、保険料については一括払いされているので、それ以上支払わなくてもいいということになります。

たとえば、それまで死んだ時に3000万円もらえる保険に入っていた人が、死亡保障を1500万円にするかわりに、保険料の支払いをゼロにすることで、月々の家計負担は軽減されます。また、現在の健康状態や医師による診断を告知する必要もありません。

◆保険料を払わずに、保険に入り続けられる

では、どんな方が払い済み保険にするといいのでしょうか。

たとえば、**「リストラされてしまったので、生命保険の保険料は払えないが、とりあえず、子供が大学を出るまでは、1000万円の死亡保障くらいはないと不安だ」**というケースです。

「払い済み保険」にすると、前の保険を解約した時にもらえる解約返戻金や、満期になった時にもらえる満期保険金の一部が保険料に充当されます。

また、運用利回りが高い時期に貯蓄型の保険に入っている人は、預けているお金が高い利回りで運用されて増えているので、「払い済み保険」での保障が終わった後に、少しお金が戻ってくるケースもあります。

そうなると、これはまさに「埋蔵金保険」です。また、「払い済み保険」にしたときに、いったん解約返戻金はゼロになりますが、**それ以前の保険料は運用されるので、将来の解約時にも解約返戻金はそれに応じて支払われます。**

ただ、「払い済み保険」にすると、一般的にはリビングニーズ特約は継続しますが、他の各種特約は消滅します。

リビングニーズ特約とは、医師から余命6ヶ月などと宣告を受けた場合、死亡後に受け取る死亡保険金を、前もってもらえる特約です。つまり、自分の死亡保障を好きに使ってあの世に旅立てるということです。

年金は何歳からもらうのがトクか

公的年金は、基本的には65歳支給。けれど、本人が希望すれば、60歳から70歳のあいだなら、いつでももらい始めることができます。

しかも、２０２２年４月からは、75歳からもらい始めることもできるようになります。

65歳より前にもらい始めると、年金額は65歳でもらう額に比べて減ります。また、65歳より後にもらい始めると、年金額は65歳でもらう額に比べて多くなります。

受給開始を65歳より１ヶ月早めるごとに、ひと月あたりの年金額が０・５％減ります。

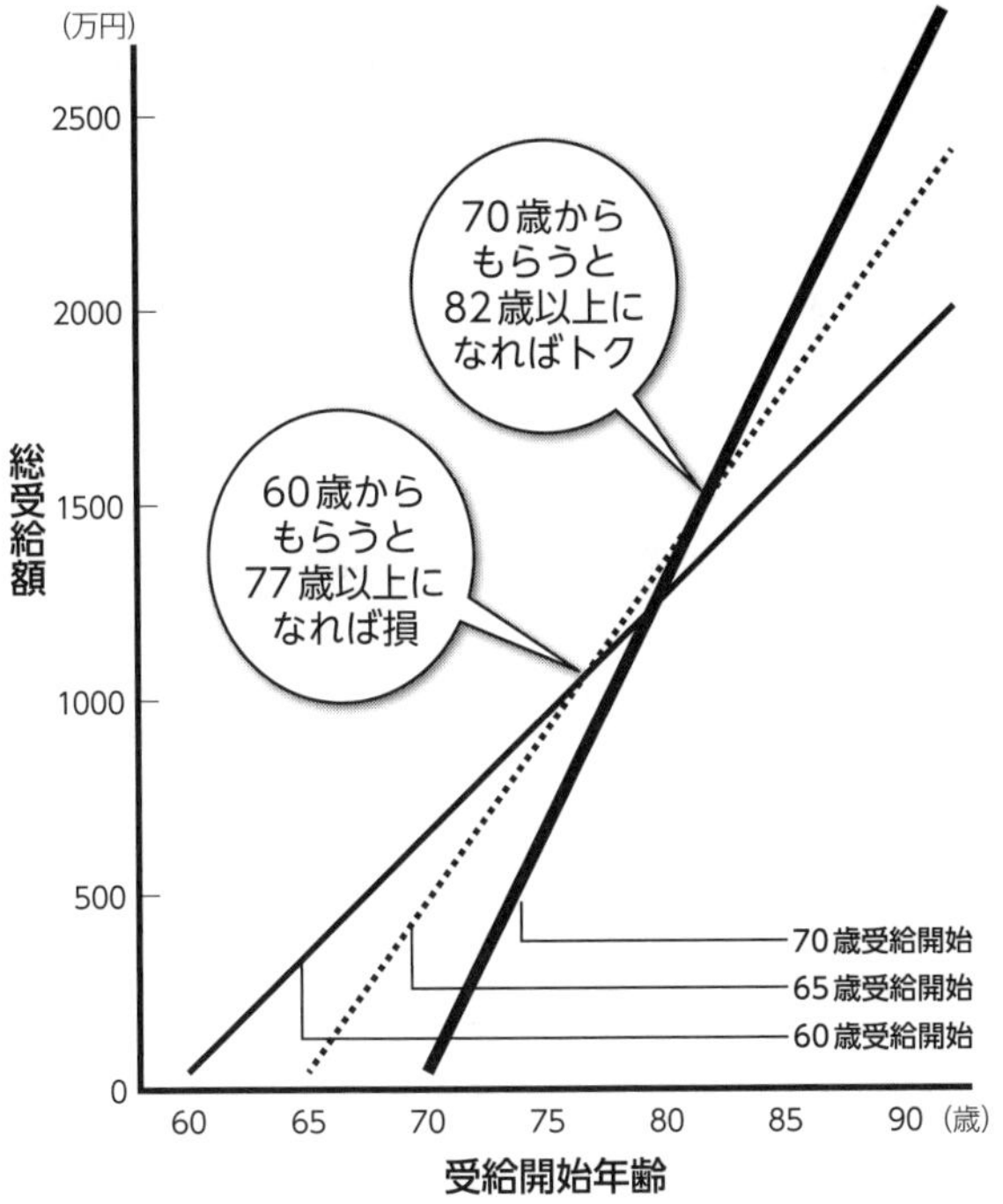

たとえば65歳で月10万円の年金の場合、64歳からもらい始めると、0・5%×12ヶ月＝6%で、ひと月あたりの支給額は10万円よりも6%減って月9万4000円に。この金額を死ぬまでずっともらい続けるということになります。60歳から受給だと30%減りますから、ひと月あたりの年金は7万円に減ります。

逆に、65歳より後にもらい始めると、1ヶ月遅らせるごとにひと月あたりの年金額が0・7％増えます。たとえば、66歳でもらい始めると、0・7％×12ヶ月＝8・4％なので、10万8400円となります。70歳からもらい始めるなら、14万2000円の年金。これを死ぬまでもらい続けるということになります。

さらに、2022年からは、75歳からもらい始めることも可能になるので、仮に今の割合が適用されるとしたら、**65歳で月10万円の年金は、75歳からだと18万4000円に増えている**ことになります。

これだと、遅くもらったほうがどんどん増えておトクだという気がしますが、問題は、あなたがいつ死ぬかわからないということ。

75歳からもらおうと思っていたら、74歳で他界してしまったというのでは、せっかくの年金を、1銭ももらうことができません。

では、受給開始年齢を65歳から変更した場合、何歳まで生きれば、65歳で年金をもらい始めるよりもおトクになるのでしょうか。

21ページの表は、年齢ともらえる累積の年金額をザックリとグラフにしたもの。**76歳前に亡くなるのなら、60歳からもらったほうがいいし、82歳以上生きるなら70歳からもらったほうがいい。**さらに、表にはありませんが、75歳からもらうなら87歳以上は生きないとおトクにはならないでしょう。

また、繰り上げ受給を開始後にケガや病気で障害を負っても、障害基礎年金が受け取れません。逆に、繰り下げ受給を行っても、年金額が増えた分、税金や社会保険料などの負担も多くなり、額面ほどは増えない。そういった注意点もあります。

長生きは大切だけれど、もらい始める時期は現実的に考えて決めましょう。

年下の妻がいるなら、妻の「埋蔵金」を忘れずに！

サラリーマンの老後資金を、少しでも増やしたいと思ったら、配偶者の持つ「埋蔵金」を見逃さないことです。

ここでは夫が外で働き、妻が専業主婦のケースで見てみます。夫が、65歳になって会社を退職し、年金生活に入ると収入が減ります。特に、年金受給までまだ間がある年下の妻の場合には、もしかしたら生活が成り立たないということになりかねない。

そこで、扶養されている年下妻には、**妻が65歳で自分の年金をもらえるようになるま**

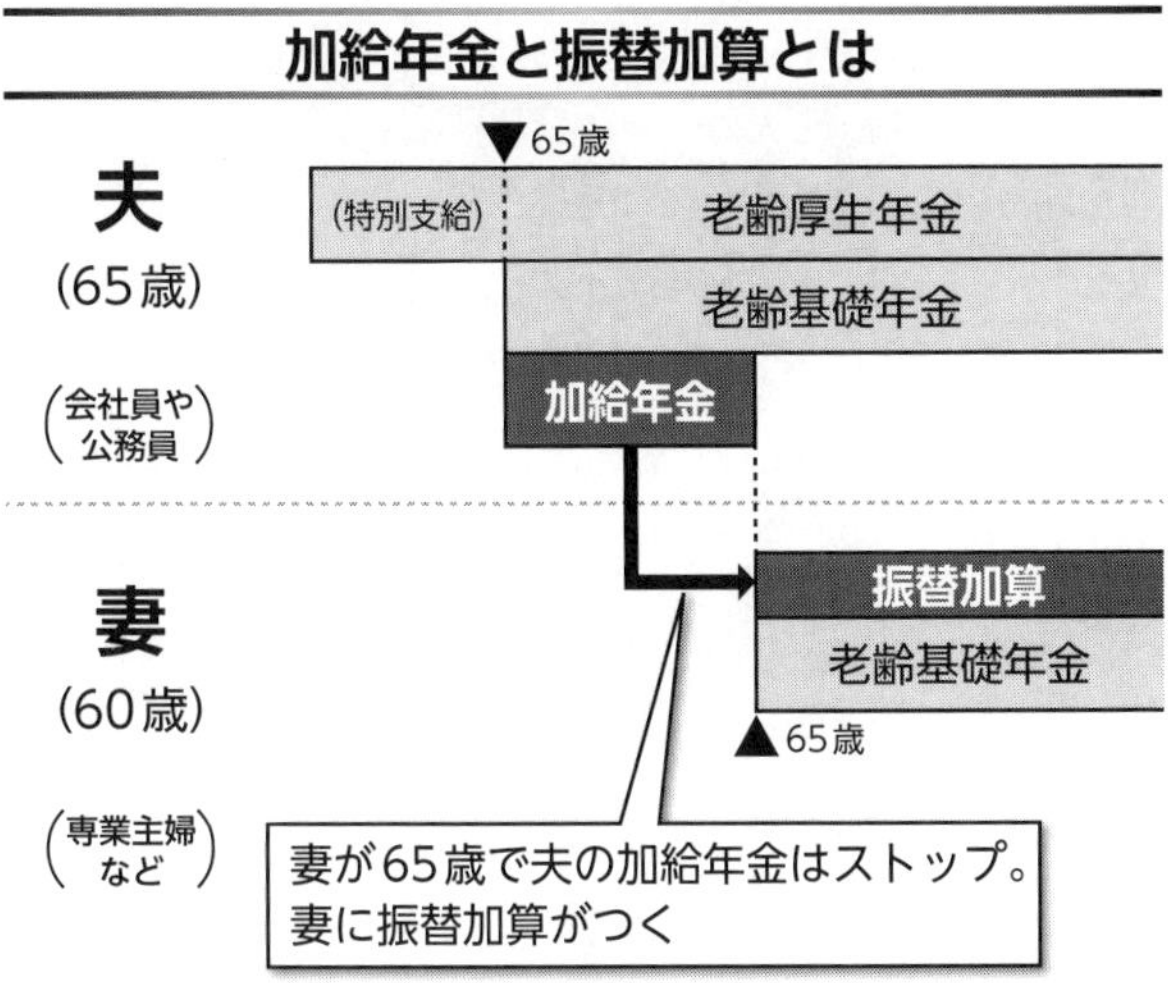

で、「家族手当」にあたる「加給年金」が支給されます。

妻だけでなく、18歳到達年度の3月31日以前の子供がいる場合や20歳未満で1級または2級の障害を持った子供がいる場合も、それぞれの年収が850万円未満なら「加給年金」は支給されます。

ただし、「加給年金」が支給されるのは夫が20年以上、厚生年金や共済年金に加入して保険料を払っていることが条件です。また、妻が、過去に20年以上会社などに勤めていて、厚生年金や共済年金に加入していると、「加給年金」は出ません。

加給年金の金額は、年22万4900円（2020年度）。さらに、妻が生まれた年によって、特別加算がつきます。1943（昭和18）年4月2日以降に生まれたなら、16万6000円になるので、たとえば、60歳になる妻がいたら、加給年金＋特別加算＝39万900円になります。

5年間これをもらえば、約200万円ですから、これは見逃せない「埋蔵金」です。

妻が65歳になって年金をもらい始めると、この「加給年金」はもらえなくなりますが、それに代わり、妻は65歳から「振替加算」をもらえるのがさらにすごい点です。

「振替加算」は、生まれた年度によってもらえる金額が違いますが、たとえば1955（昭和30）年5月生まれだと、年間5万1052円になります。前述のケースで90歳まで生きれば、約１３０万円もらえることになります。

ただ、注意しなくてはいけないのは、この「加給年金」は、夫の年金の「老齢厚生年金」についているものだということ。

ですから、25ページ表の5歳差のご夫婦の場合、夫が年金を70歳でもらい始めるとすれば、もらえなくなります。

「加給年金」をもらいながら、さらに70歳になって年金が増えているようにしたいと思ったら、**「老齢厚生年金」は65歳からもらい、「老齢基礎年金」のほうを70歳からもらう**ようにすれば、70歳時点の年金が少し増えることになります。

忘れたら大損！　加入1ヶ月でも一生もらえる「お宝年金」

65歳になったら「さあ、年金をもらって、悠々自適な老後を送ろう」と思っている方も多いことでしょう。

公的年金については、老後の柱となる年金なので「もらい忘れ」というのは少ないのですが、実は、１００万人以上の方がもらい忘れている年金があります。**それも、１ヶ月でも加入していたら、一生もらえるという「お宝年金」**。

それは、会社にお勤めしていた時に加入していた、「企業年金」です。

企業年金というのは、企業が独自に公的年金に上乗せしている年金で、10年間支払わなければもらえない公的年金と違って、働いている会社に企業年金があれば、たとえ1ヶ月加入していたとしても、一生涯もらえる年金です。

ところが、それを忘れていて、企業年金をもらっていない人が、なんと2020年3月末現在で、114万6000人もいるのです。

表の「裁定請求書未提出者数」というのが、2020年3月末時点で、もらえるはずの年金を、もらい忘れている人の総数です。

「請求書不達者」とは、「あなたの年金が、もらい忘れになっていますよ」という通知を送ったにもかかわらず、「この住所にはいません」というスタンプが押されて返ってきているケース。「請求保留者」とは、通知を送っ

もらい忘れの企業年金

	2020年3月末
裁定請求書未提出者数	**114.6万人**
うち、請求書が届いていない人	61.9万人
うち、請求していない人	52.6万人

ても返却されなかったので通知は受け取っていると思われるものの、年金を受け取る請求がないという人です。

なぜ、こんなことが起きているのかといえばさまざまなケースが考えられますが、なかでも多いと思われるのが、結婚して退職してしまったケース。

企業年金のある企業に勤めて、その後結婚して姓が変わり、しかも会社を辞めて住むところも変わってしまったので、通知が届かない人は多いと言われています。

企業年金のなかで大きな割合を占める厚生年金基金は、一般に60歳になってはじめて支給されます。

ですから、かつて自分が勤めていた会社に企業基金があって、自分もそこで働いて加入していたということを覚えていれば請求できますが、忘れていたら請求されず、もらい忘れの年金となってしまいます。

◆自分はどうか、ここに問い合わせる

企業年金は、本人から申し出がない限り支給しようがないので、**もし心当たりがあったら、かつて勤務していた会社か、過去に勤務していた会社が厚生年金基金を解散してしまっているような場合には企業年金連合会に問い合わせしてみましょう。**10年未満など短期の加入者や、10年以上加入していたという人でも厚生年金基金自体が解散している場合には、積み立てた企業年金は企業年金連合会に移管されています。

問い合わせ方法は、次の3つ。

(1) 電話で、企業年金コールセンターに問い合わせる。電話番号は、0570－02－2666。受付は平日午前9時から午後5時。

(2) インターネットで、記録を確認する。

短期間でも会社に勤めた人はチェック

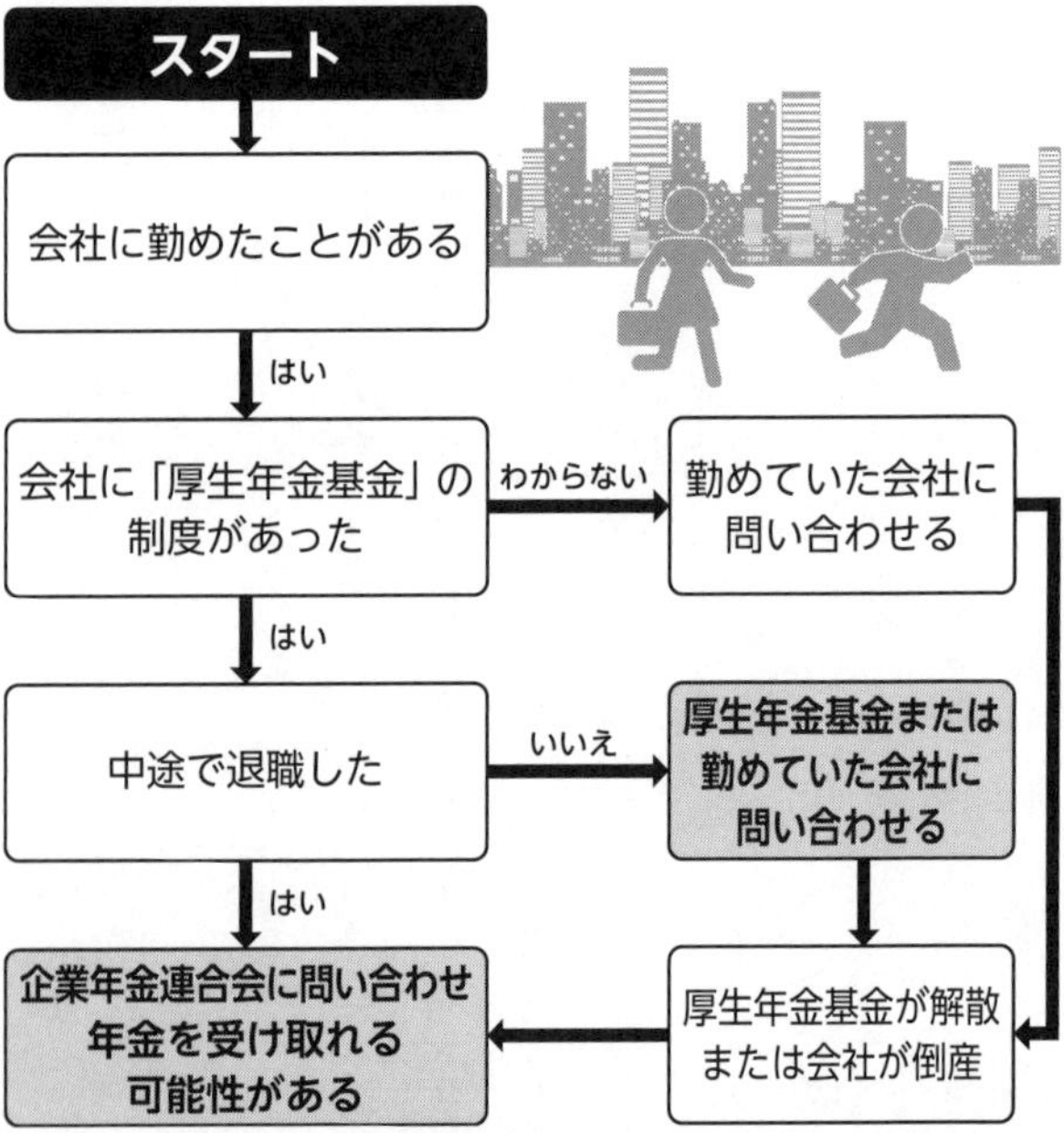
スタート
会社に勤めたことがある
はい
会社に「厚生年金基金」の制度があった
わからない
勤めていた会社に問い合わせる
はい
中途で退職した
いいえ
厚生年金基金または勤めていた会社に問い合わせる
はい
企業年金連合会に問い合わせ年金を受け取れる可能性がある
厚生年金基金が解散または会社が倒産

企業年金連合会のホームページをもとに作成

企業年金連合会のホームページにアクセスすれば、記録を確認できます。アクセスは、左記になります。

https://www.pfa.or.jp/otoiawase/service/index.html

（3）文書で問い合わせをする。

〒105-8799 東京都港区西新橋3-22-5芝郵便局留

企業年金連合会行

問い合わせの際には、氏名、生年月日、住所、年金手帳の基礎年金番号、厚生年金基金の名称及び加入員番号などが必要ですが、詳しくは企業年金コールセンターで聞いてみてください。

国民年金の上乗せは、一生もらえる「埋蔵金」

自営業者の年金は、40年間しっかり支払っても、満額で6万5141円（2020年度月額）です。

この年金額を少しでも増やしておきたいという人は、国民年金に「付加年金」を乗せて支払うようにするといいでしょう。

「付加年金」とは、従来の国民年金保険料に月額400円を上乗せして支払うものです。これを払っておくと、「付加年金」を掛けた月数に200円を乗じた金額が、一生涯、毎年、国民年金に付加されて給付されます。

付加年金の仕組み

追加で納める月の保険料は **400円** → 増える年金受給額は **200円**（年額）× **納めた月数**

10年間納付した場合

3年目で モトが取れる

納める保険料	400円×12ヶ月×10年＝**48,000**円
増える年金受給額（1年あたり）	200円×12ヶ月×10年＝**24,000**円

この金額が毎年ずっと受け取れる！

2年間受給すれば納付した額になり、その後はプラスとなる。
納付した分、受給額もアップする。

たとえば、４００円を10年間掛けたとすると、４００円×１２０ヶ月でトータルの掛け金は４万８０００円です。

この場合の付加年金は２００円×１２０ヶ月で、**年額２万４０００円。これだけの金額がプラスされて年金が支払われるのです。**

これは一生払われるので、掛け金に対して2年でトントンになり、以降は長生きすればするほどトクをすることになります。

再雇用で減った給料を最大15％アップ！

定年退職をした後に再雇用されて、継続雇用で働く場合、ほとんどのケースで給与が下がります。そのような場合、「高年齢雇用継続基本給付金」をハローワークに申請することで、下がった給与の一部が補填されます。

この給付金は、継続雇用で働く人の賃金が、60歳時点と比べて75％未満に下がった場合、最大で新しい給与の最大15％の額をもらえるというもの。

たとえば、60歳時点で月給40万円だったのが、再雇用によって基準額の70％である28万円になってしまった場合、支給率は4・67％で新しい給料28万円の4・67％である1万3076円が支給されるのです。**これを65歳に達する月まで最大5年間もらえるので**

すから80万円近くなり、家計にとっては大きな埋蔵金です。

なお、高年齢雇用継続基本給付金には支給限度額があり、毎年8月に改訂されます。また、在職老齢年金をもらいながら、高年齢雇用継続給付を受けると、最大で新しい給料（標準報酬月額）の最高6％に相当する額が年金から差し引かれます。少し注意が必要です。

また、給料や年齢にかかわらず、転職をする場合には、早めに仕事先を見つけ、勤務開始後は最低6ヶ月働くようにしましょう。なぜなら、いわゆる失業手当の給付日数を3分の2以上残して就職すると支給残日数の70％、3分の1以上の場合は60％の額が「再就職手当」として受け取れるから。さらに、転職先に6ヶ月勤務して、その勤務先の給与が前職よりも少なかった場合、日額計算で6ヶ月分の差額が支給されます。これが「就業促進定着手当」。いずれもハローワークに申請します。

「健康保険」はこんなに使える

「厚生年金保険料」と並んで、給料から大きく引かれているのが「健康保険料」。こちらも、会社と折半で払っていますが、会社の支払い分も合わせると、収入のほぼ1割と、かなりの額を毎月払っています。

そのぶん、病気やケガをすると、健康保険で安く治療することができます。

日本では、現役の方の医療費は3割負担となっていますが、実際には「高額療養費制度」というものがあるので、**たとえば１００万円の治療を受けたとしても、本人の負担は９万円弱で済みます。**

しかも、本人だけでなく家族も同じ「健康保険」に加入していたら、家族合算で安くなります。同じ月に夫と妻がそれぞれ100万円の治療を受けたとしても、自己負担額は、2人合わせて9万円弱で済むのです。

高額な医療費もカバー

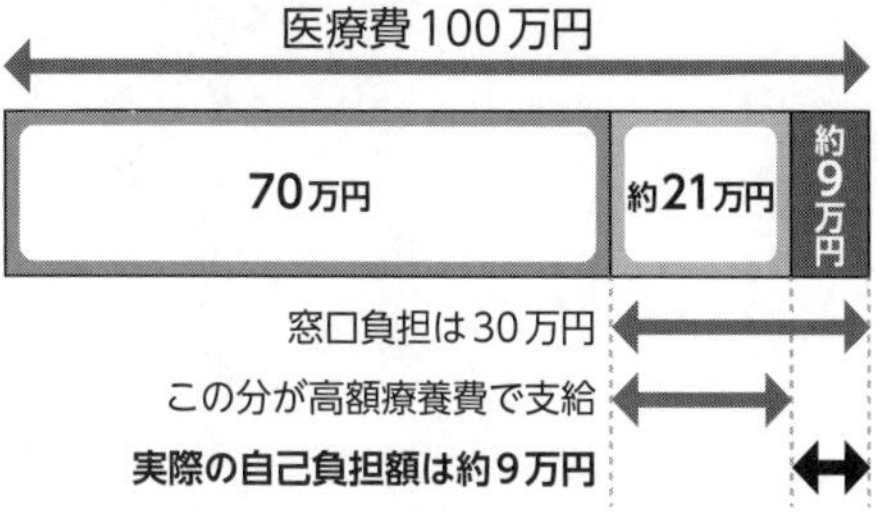

◆「傷病手当金」は1年6ヶ月まで

サラリーマンの場合には、治療費が安いだけでなく、病気や怪我で会社を休んでいる間も、健康保険から「傷病手当金」という手当が出ます。

「傷病手当金」では、給料の3分の2が支給されます。給料が30万円の人なら、約20万円が休んでいる間は支給されるということです。

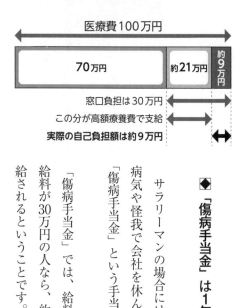

「傷病手当金」は、最長で1年6ヶ月支給されます。それ以降は支給されませんが、その時点でまだ障害が残っているという場合には、額は変わりますが完治するまで「障害年金」が支給される可能性があります。

健康保険では、出産のために会社を休んだ時も、給料の3分の2の「出産手当金」が支給されます。出産手当金は、出産の日以前42日、出産の翌日以後56日まで合計98日。給料が30万円なら、最大で約65万円もらえます。

子供を産むと、誰もが42万円の「出産育児一時金」をもらうことができますが、**これは別ものなので、合わせると約100万円になります。**

◆高度な医療も、「健康保険」で対応?!

健康保険があれば、病気の治療にそれほどお金がかからないことはわかったけれど、

「でも、健康保険が効かない『先進医療』だと、高額な医療費が全額自己負担になってしまうんでしょう」と聞かれます。

確かに「先進医療」は、健康保険の対象外。

ただ「先進医療」という言葉を聞くと、言葉のイメージから、高度で先進的な良い治療だと思う方も多いようですが、**実際には「まだ、はっきりと良いという評価が定まらないので公的保険対象外になっているもの」**なのです。ですから、健康保険対象となる予備軍のような治療だと思えばいいでしょう。

評価が定まりしだい、一回の投与金額が3349万円かかる白血病治療薬「キムリア」や高額といわれたがん治療薬「オプジーボ」、手術支援ロボット「ダヴィンチ」なども、疾患別に次々と健康保険対象になっています。わざわざ高いお金を出して民間の医療保険に入るかは考えどころです。

届け出ひとつで、老後の「埋蔵金」をゲット

お店を経営していて、新型コロナの影響で、売上が激減してしまったという方は多いのに、国民年金保険料はバカ高い。

２０２０年４月から21年３月までの保険料は、月あたり一人１万６５４０円。ですから、夫婦でお店をやっているという人なら、３万３０８０円。年間にすると、約40万円ですから、収入がない中では「痛い出費」となりかねません。

「痛い出費」に悩まされている人は、お店を経営している人ばかりではありません。パートやアルバイトで働いている人の場合、月に15万円も稼げないという人がたくさんい

免除となる年収（所得）の目安

世帯構成	全額免除	一部納付（免除）		
		1/4納付 (3/4免除)	半額納付 (半額免除)	3/4納付 (1/4免除)
4人世帯 夫婦 子2人	257万円 (162万円)	354万円 (230万円)	420万円 (282万円)	486万円 (335万円)
2人世帯 夫婦のみ	157万円 (92万円)	229万円 (142万円)	304万円 (195万円)	376万円 (247万円)
単身世帯	122万円 (57万円)	158万円 (93万円)	227万円 (141万円)	296万円 (189万円)

ます。

そうした人にとって、収入の1割以上になる月1万6540円の保険料は、とても払うことができないでしょう。

実は、国民年金には、収入が少ない人は保険料を払わなくてもいい「免除」という制度があります。

この「免除」は、収入や家族構成に応じて上の表のようになっています。

独身者なら年収122万円（所得57万円）以下なら、保険料は全額免除になります。年収158

万円以下なら4分の3免除なので、保険料は4140円でいいということです。年収227万円以下なら半額免除なので、月8270円となります。

「免除」を受けると、将来もらえる「年金」は減りますが、自分が死んだ時に家族に「遺族年金」を残したり、病気やケガなどで障害を負った時に「障害年金」をもらうことができます。

また、「全額免除」といって、保険料を全く支払わなくても、通常どおりに保険料を払った人の半分ではありますが、将来、年金をもらうことができます。

なぜ、保険料を一銭も払わなくても、通常もらえるはずの年金額の半分がもらえるかと言えば、国民年金の支給額は、半分が税金だからです。そのぶんは、届け出さえ出していれば、誰でももらえるということです。

新型コロナの影響で収入が激減した人の場合には、さらに優遇処置があります。

２０２０年2月以降、最も収入が低かった月などを基準に、この免除が使えるのです。たとえば、４人家族で3月まで月に60万円の収入があっても、新型コロナの影響でたまたま4月が20万円だったら、免除対象の年収は20万円×12ヶ月で、年収２４０万円ということになり、全額免除になります。

通常の免除はずっとありますが、特例の免除は２０２１年6月まで（延長の可能性あり）。該当しそうな人は、最寄りの自治体か、ねんきんダイヤル（０５７０－０５－１１６５または０３－６７００－１１６５）で聞いてみましょう。

「消えた年金」も、お忘れなく！

「消えた年金」とは、ずさんな年金記録管理により、誰のものかわからずに宙に浮いた年金記録が約５０００万件もあるということが発覚した事件。２００７年の第一次安倍内閣の時でした。

これに対して安倍首相は「早期に解決して最後のひとりまでチェックしてきちんと年金をお支払いします」と述べましたが、実際には、持ち主探しに手間取り、約２０００万件が残されています。

ですから、記憶をたどっていろいろと調べたら、皆さんにも、実はもらい忘れていた

年金があるという可能性も十分にあります。

これまでは時効があったので、年金記録が訂正された結果、年金がたくさんもらえることが判明したにもかかわらず、直近5年分の年金しかもらえなかったというようなケースがありました。

けれど、この「時効の壁」がなくなりました。

◆「時効の壁」を取り去った年金時効特例法

2007年7月6日に、年金時効特例法（厚生年金保険の保険給付及び国民年金の給付に係る時効の特例等に関する法律）が公布、施行されました。

この法律ができたことで、年金記録の訂正などにより増額された年金は、時効なく、全期間について支払われるとされました。

また、老後にもらえる年金だけでなく、死亡した時に残された家族に支払われる遺族年金や、障害を受けた時に支払われる障害年金なども、全期間をさかのぼって支払ってもらえるようになりました。

また、年金を支払ってもらう権利がある本人が亡くなってしまっている場合については、遺族の方が受け取れます。

ですから、もう一度、自分の職歴などをたどって、迷子になっている年金はないか探してみましょう。**もし、見つかれば、全期間にさかのぼってもらうことができるようになります**から、人によってかなりのまとまった金額になることが予想されます。

年金記録の問い合わせについては、0120-657830「ねんきんあんしんダイヤル」へ。24時間、土日も関係なく対応しています。

また、手続きや必要書類の請求、一般的な年金相談については、0570-05-1165「ねんきんダイヤル」でも対応しています。

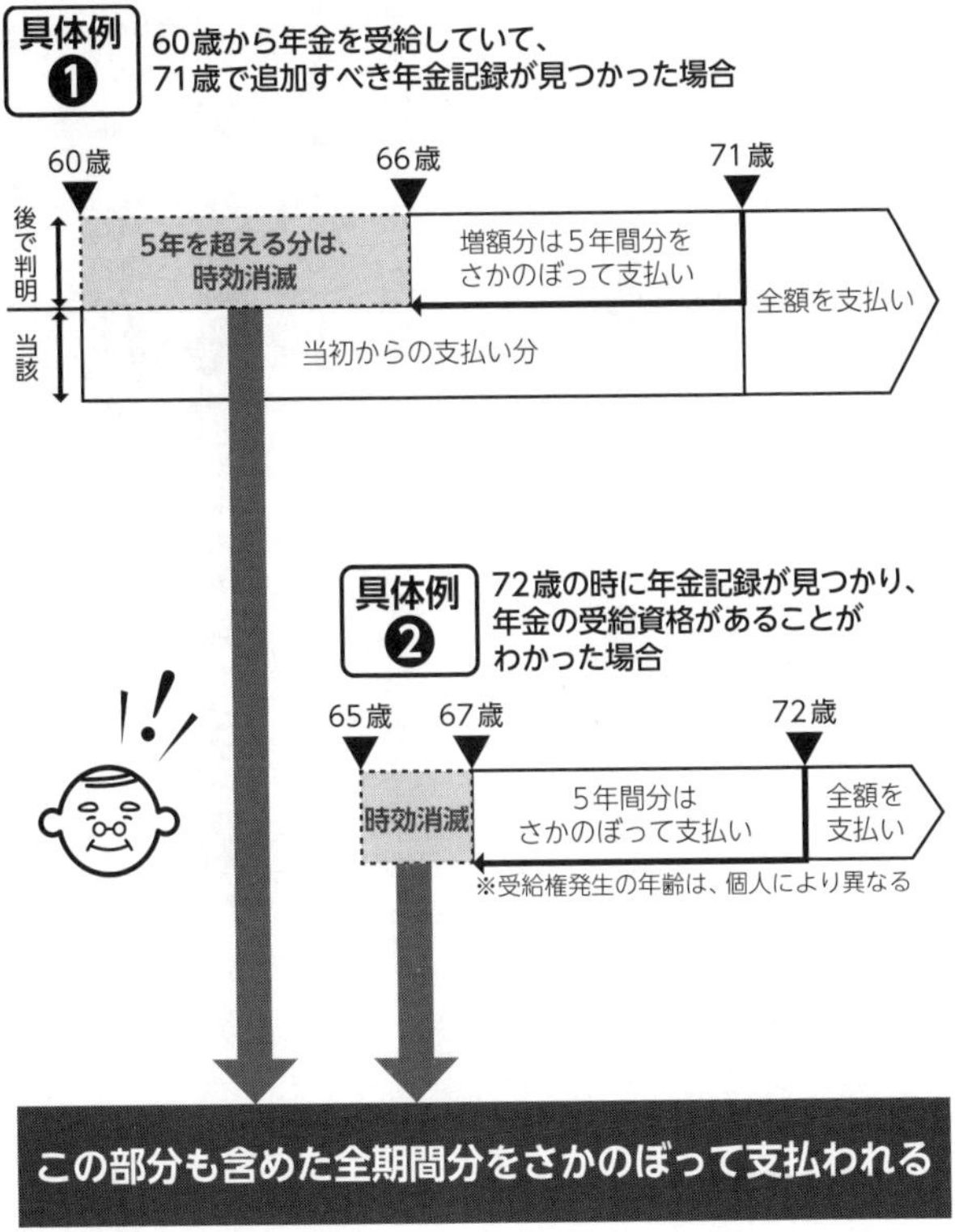

具体例❶
60歳から年金を受給していて、
71歳で追加すべき年金記録が見つかった場合
60歳
66歳
71歳
後で判明
当該
5年を超える分は、
時効消滅
増額分は5年間分を
さかのぼって支払い
全額を支払い
当初からの支払い分
具体例❷
72歳の時に年金記録が見つかり、
年金の受給資格があることが
わかった場合
65歳
67歳
72歳
時効消滅
5年間分は
さかのぼって支払い
全額を
支払い
※受給権発生の年齢は、個人により異なる
この部分も含めた全期間分をさかのぼって支払われる

一銭も払わなくても どんどん増える「埋蔵金」とは

バブル時代に加入した「生命保険」は、放っておいても増えていく、とんでもない「埋蔵金」になっているかもしれません。

生命保険では、「死亡保障」と「入院（通院）保障」は掛け捨てですが、「貯蓄部分」が付いている保険がかなりあります。

「終身保険」や「個人年金」などは、この「貯蓄部分」が大きい保険ですが、**この「貯蓄部分」の運用利回りは、加入した時に約束した利回りが、最後まで適用されます。**ですから、運用利回りが高い時に加入した保険の「貯蓄部分」は、低金利の今でも高い利

生命保険の予定利率の推移

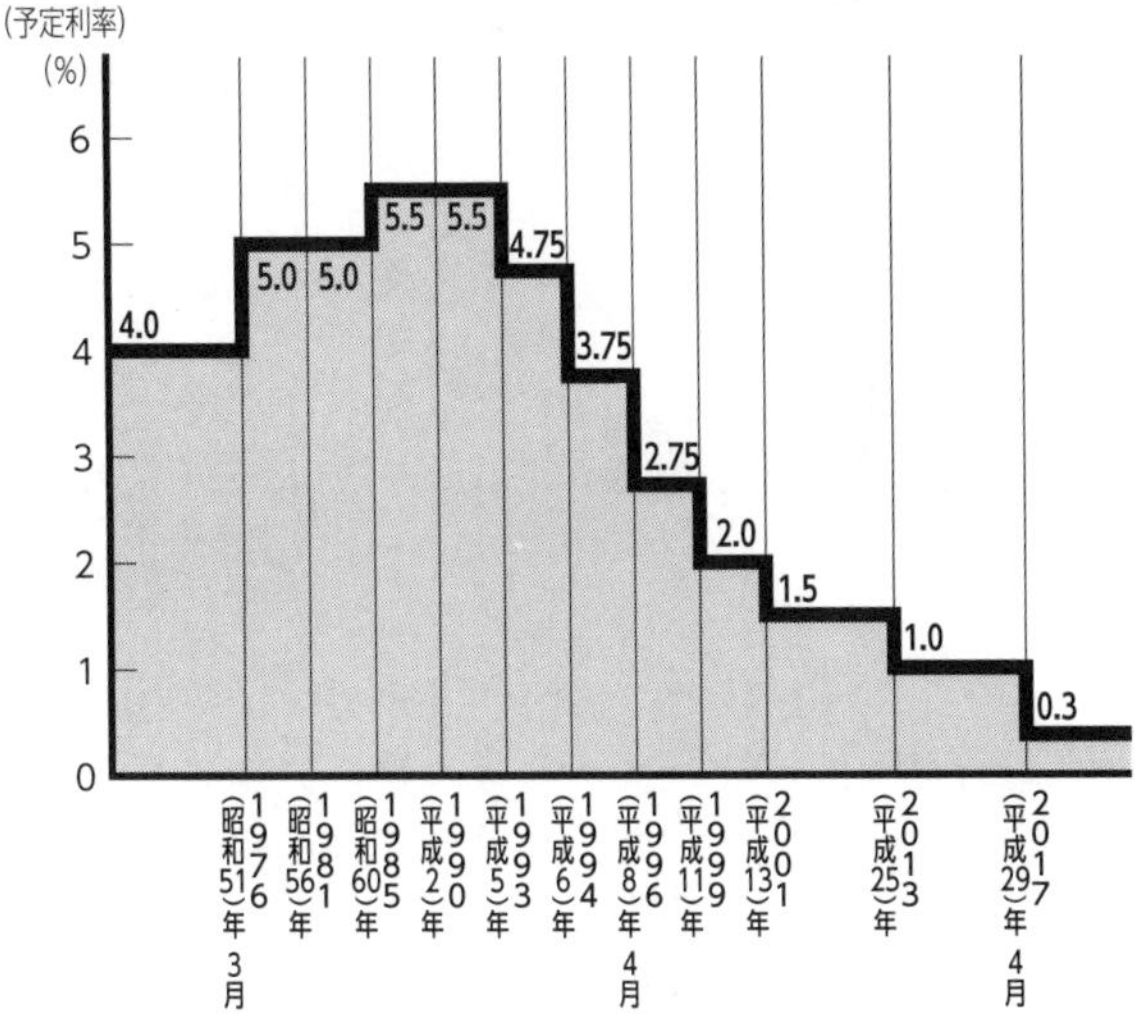

回りで運用されているということです。

たとえば、バブルの頃に「終身保険」や「個人年金」に加入していた人は、運用利回りが5・5%などと超高い！

その、とんでもない高い利回りの保険が、今のような超低金利の時代の中でも、なんと同じ5・5%の高い利回りで運用されているのです。

それが、どれだけ凄いのかをみてみましょう。

左ページの表は、約30年前に35歳で1000万円の終身保険に加入し、65歳で保険の支払いが終わったAさんの「終身保険」です。

Aさんは、65歳からは保険料を一銭も支払わなくても、いつでも死んだら1000万円の保障が一生涯続きます。なぜなら、すでに65歳までに、一生涯の保障ができるだけの保険料を払い込んでしまっているからです。

ですから、65歳からは保険料を一銭も払わないのですが、なんと、解約して手元に来るお金は、年々増えています。

65歳でこの保険を解約したら、解約返戻金として約394万円が戻ってきます。けれど、**これを解約しないで70歳まで置いておくと、なんと約471万円で、5年間で約77万円も増えているのです。**

しかも、75歳まで置いておくと約556万円と、さらに約85万円増えます。

Aさんの解約返戻金の推移

契約日からの経過年数	年齢	解約返戻金　（万円）
30年（2018年）	65歳	394.0
31年（2019年）	66歳	408.7
32年（2020年）	67歳	423.7
33年（2021年）	68歳	439.1
34年（2022年）	69歳	454.9
35年（2023年）	70歳	471.0
36年（2024年）	71歳	487.5
37年（2025年）	72歳	504.2
38年（2026年）	73歳	521.2
39年（2027年）	74歳	538.4
40年（2028年）	75歳	555.7
41年（2029年）	79歳	573.3
45年（2033年）	84歳	643.9
50年（2038年）	89歳	729.6
55年（2043年）	94歳	806.5
60年（2048年）	95歳	869.5

80歳で解約すると約644万円、95歳ではじつに約870万円です。

つまり、65歳から95歳まで、30年の間、**一銭の保険料も支払わずに、何もしなくても置いておくだけで、約394万円の解約返戻金が、倍以上の約870万円に増えている**のです。


しかも、注目すべきはそれだけではありません。

65歳から95歳まで、生きれば生きるほど解約時にもらえる保険金は増えていきますが、仮にこの間に、残念ながら亡くなってしまったという場合には、何歳だったとしても、遺族に1000万円の死亡保険金が支払われるのです。

◆これからは、「保険は掛け捨てで、必要な保障だけを買う」

普通に考えたら、生涯のどこで死んでも1000万円の保障が出る保険に、一銭もお金を払わないで入っているのですから、解約返戻金もその分どんどん減っていくのではないかと思います。

けれど、バブルの頃に入った運用利回り5・5%の「お宝保険」は、その高利回り運用ゆえに、減っていくどころか、逆に増えていくのです。

これは、まさに放っておいてもどんどん増えていく「埋蔵金」です。

では、これから「終身保険」や「個人年金」などの貯蓄型の保険に入るのはどうかといえば、逆立ちしてもこんな状況にはなりません。運用利回りが低すぎて、さっぱり増えないどころか、物価の上昇に負けてしまう可能性が高い。

ですから、これから生命保険に入るなら、**「保険は掛け捨てで、必要な保障だけを買う」**というのが正解です。

保険の「埋蔵金」を使って、ピンチを切り抜ける

前項で、運用利回りが高い時期に加入した「お宝保険」は大切にしましょうということを書きましたが、そうはいっても、人生には、まとまったお金が必要なことも出てきます。

そんな時には、「お宝保険だけど、背に腹は代えられないので、解約しようかな」と思う人もいることでしょう。

でも、その「解約」は、ちょっと待った！

保険は、入った時の運用利回りが最後まで続くということは、前項で書きました。そ

して、今のような低金利の時代では、二度と「お宝保険」にめぐり合うことはないでしょう。

だとすれば、**「お宝保険」は解約せずに、違う手を使ってなんとかピンチを乗り切りましょう。**

その「手」というのが、保険会社の「契約者貸付」です。

◆実質的に無利息のケースも

「契約者貸付」は、解約すると戻るお金の7～8割までを、保険を担保に借りるという制度。

この「契約者貸付」の利率は、保険の運用利回りに1～2%を上乗せしたもの。たとえば、バブルの頃に預けた運用利回り5・5%金利の保険だと、6・5～7・5%ほど。少し前に加入した運用利回り1%の保険なら、2～3%ということになります。

銀行や消費者金融、クレジットカード会社でキャッシングをしたら、15～20％の金利になりますから、それを考えれば、**実質1～2％でお金を借りられるならおトク**と言えます。

また、新型コロナの影響で困っている人が貸付を受ける場合には、実質的に無利息で借りることができるケースもあります。

「契約者貸付」でお金を借りるには、保険会社に申し込み用紙を請求し、そこに必要事項を記入して申請します。

申請すると、数日中に指定の口座に貸付金が振り込まれます。

借りたお金を返済する時には、ネットバンキングやATMで、保険会社が指定する口座にお金を振り込むか、保険会社の窓口で手続きします。「一括返済」「一部返済」「利息のみ返済」など、選べるようになっています。

保険会社によっては、その会社独自の保険カードを発行していて、そのカードを持っていれば提携ATMで「契約者貸付」が簡単に受けられます。「積立配当金」や祝い金、給付金の引き出しができるだけでなく、返済もそのカードでできるところがあります。

「契約者貸付」のメリットは、審査がなく現金が早く手に入ること。

家計が厳しいために保険を解約すると、保障がすべてなくなってしまいますが、「契約者貸付」でお金を借りても、保険の保障は続いています。ですから、**今までどおりの保障を受けながら、生活の立て直しをはかるとよい**でしょう。

そして、なんとか暮らしが正常に戻って、収入が確保できるようになったら、「契約者貸付」で借りたお金を返せばいい。返せなくても、最悪、自分の保険を失うだけで済みます。

公的保険から、「葬祭費」が出る!?

公的な「健康保険」「国民健康保険」は、国内だけでしか使えないと思っている人が多いようです。

実は、あまり知られていないのですが、海外旅行の病気や怪我なども対象。

もちろん、海外旅行に行った先の病院で健康保険証を出してもなんの役にも立ちませんが、ただ、**日本に帰国した後に、海外でかかった医療費を、健康保険を使って取り戻す**ことはできます。

これは「海外療養費制度」と言って、海外旅行中や海外赴任中に急な病気や怪我などでやむをえず現地の医療機関で診療を受けた場合、いったんは自己負担で医療費を支払い、帰国後に申請すれば、かかった医療費の一部を払い戻してもらえるという制度です。

海外で立替払いしたら医療費の領収書と診療内容明細書を揃え、和訳したものなどを提出すれば、**日本の保険相当額の補填**をしてくれます。

さらに、「国民健康保険」に加入している人が死亡したら、「葬祭費」も出ます。支給額は自治体によって違い、**東京23区だと7万円、大阪市は5万円**ですが、各自治体に問い合わせてください。

会社員の場合は、加入している健康保険組合から、こうしたお金が出ます。金額は、組合によってもまちまちです。健康保険組合の方針や財政状況によって、かなり出るところもあります。

中小企業にお勤めの方が加入している協会けんぽでは、埋葬料・家族埋葬料は5万円となっています。

手続きするだけで、年間6万円も年金が増える?!

2019年10月から、「年金生活者支援給付金」という新しい制度ができています。

これは、年金を納めていた期間にもよりますが、一定条件を満たせば、最大で毎月約5000円、年間約6万円の収入アップが期待できるという制度です。

しかも、この制度は、年金を受給している人1人に対して給付金が支給される制度なので、**夫婦世帯なら、最大月約1万円、年間約12万円がもらえます。**

支給要件は、左の表のようになりますが、ここで問題になるのは、一緒に住んでいる家族全員が市町村民税非課税の対象となっていること。

年金生活者支援給付金の条件

1　65歳以上で、かつ老齢基礎年金の受給者であること
2　一緒に住んでいる人全員が市町村民税非課税の対象であること
3　前年の公的年金等の収入金額※とその他の所得との合計額が87万9900円以下であること

※障害年金・遺族年金等の非課税収入は含まない。

生活保護を受けている人は、当然、住民税非課税世帯ですが、障害者、未成年者、伴侶をなくした人で前年の所得金額が125万円以下の人も対象になります。

年金生活者支援給付金を受け取るには請求書の提出が必要です。

年金は、書類を提出してもらうのが基本です。**自分にあてはまる可能性がある制度を見つけたら、必ず届け出をしてください。**

Came out in plenty

第2章

預金まわりでザクザク

預貯金は、イザという時に低金利で借金もできる「埋蔵金」

お金が足りなくなると、しかたなくキャッシングするという方は、意外に多いようです。

２０２０年3月に、一般消費者1万人を対象に全国銀行協会が公表した「銀行カードローンに関する消費者意識調査」を見ると、**20代から60代の約４割が、銀行や消費者金融、クレジットカード会社からお金を借りた経験があり**、中には１・４％ではありますが、ヤミ金からお金を借りているという人もいました。

ただ、銀行や消費者金融、クレジットカード会社でお金を借りると、10万円未満で上限金利が年20％、10万円以上100万円未満で上限金利18％、100万円以上で上限金利15％と決まっていますから、かなり金利をたくさん払うことになります。しかも、1日でも返済が遅れると、遅延損害金利は20％になってしまいます。

◆定期預金の金利＋0・5％程度とおトク！

そこで、覚えておきたいのが、**「銀行」の預金や「郵便局」の貯金があれば、これを担保に有利な借り入れができる**ということです。

この借り入れを「銀行」では「定期預金担保貸付」といい、「郵便局」では「貯金担保自動貸付け」といいます。

みなさんは、「金利のいい時に預けた預金だから、お金はちょっと必要だけど、これを取り崩したくはない」というようなことはありませんか？

こうしたケースだと、預金を解約しなくても、すでに預けてある自分の預貯金を担保にして、その9割までお金を借りることができます（銀行により限度額あり）。

これなら、返せなくなっても預貯金を取り崩して借金を返すということができるので、遅延損害金利は発生しません。

少し金利が良い時に貯金したものなら、途中で崩してしまうのはもったいない。そんな時に、**預貯金の金利プラスαでお金が借りられれば、せっかくの預貯金を満期まで取り崩さなくても済みます。**

「銀行」の場合には、「定期預金」単独でも利用できますが、「普通預金」「定期預金」「国債」などを一つにセットした「総合口座」にしておくと便利です。

たとえば、「総合口座」で電気、ガス、水道などの公共料金を支払っているという人は、「定期預金」にお金があれば、「普通口座」に残金がなくても、セットした「定期預金」の口座から借りるかたちで必要な支払いをすることができます。
この場合の金利は、定期預金の金利＋0・5%程度です。

金融機関	借入金額の上限
ゆうちょ銀行	定期預金残高の90%以内 最大300万円まで
三菱UFJ銀行	定期預金残高の90%以内 最大200万円まで
三井住友銀行	定期預金残高の90%以内 最大200万円まで
みずほ銀行	定期預金残高の90%以内 最大200万円まで
りそな銀行	定期預金残高の90%以内 最大200万円まで
イオン銀行	定期預金残高の90%以内 最大300万円まで
新生銀行	定期預金残高の90%以内 最大500万円まで

「郵便局」でも同様に、貯金を担保にお金を借りることができますが、**「郵便局」の場合には、「銀行」よりもさらに金利面では有利になっているものもあって、通常の金利＋0・25%か0・5%です。**

イザという時には、「預貯金」という「埋蔵金」を上手に利用しながら、借金の負担を軽くしましょう。

iDeCoを使えば約10万円の節税も可能！

高い税金に頭を抱えている人も多いでしょう。そんな税金を安くする制度が、最近何かと宣伝されている「ｉＤｅＣｏ」です。

ｉＤｅＣｏというのは、いったいどのようなものでしょうか。日本語でいえば、「個人型確定拠出年金」。簡単に説明すると、「個人」が加入する、定期的に「確定」した金額を「拠出」する「年金」です。60歳までの間、毎月自分が決めた掛け金を納めて、投資信託や債券、定期預金などの金融商品に投資をして運用し、60歳以降に受け取っていくという制度です（指定した月にまとめて納付することもできます）。**つまり、個人で積み**

iDeCoによる税金負担軽減額

課税所得	税率		年間掛け金		
	所得税	住民税	14万4,000円の場合	27万6,000円の場合	81万6,000円の場合
195万円以下	5%	10%	2万1,600円	4万1,400円	12万2,400円
195万円超～330万円以下	10%	10%	2万8,800円	5万5,200円	16万3,200円
330万円超～695万円以下	20%	10%	4万3,200円	8万2,800円	24万4,800円
695万円超～900万円以下	23%	10%	4万7,520円	9万1,080円	26万9,280円
900万円超～1,800万円以下	33%	10%	6万1,920円	11万8,680円	35万　880円
1,800万円超～4,000万円以下	40%	10%	7万2,000円	13万8,000円	40万8,000円
4,000万円超～	45%	10%	7万9,200円	15万1,800円	44万8,800円

立てる年金です。

運用中に得た利益には税金がかからず、60歳以降、積み立てたお金を受け取るときに、退職所得控除や公的年金等控除を受けられるのがメリットです。まずは、将来の蓄えとして、埋蔵金を貯めていくための制度です。

そして、iDeCoの最大の利点は、拠出した掛け金が、所得控除の対象となること。年間で積み立てた額に対して、税率ぶんを掛けた額が

戻ってきます。つまり、所得税なら年収に応じて5～45％が還付され、住民税なら10％ぶんが翌年の税金から差し引かれます。

たとえば、課税所得が500万円（給与収入900万円前後）のサラリーマンが満額（月額2万3000円）の掛け金でiDeCoに加入した場合、年間で8万2800円も節税できます（前ページの表参照）。**iDeCoを活用することで、税金が埋蔵金のように浮いて出てくるのです。**

iDeCoの掛け金の上限月額は、自営業など国民年金の1号被保険者が月6万8000円、会社員が月2万3000円（勤務先に企業年金がなく、企業型確定拠出年金がある場合は2万円、企業年金がある場合は1万2000円）、公務員が月1万2000円、専業主婦が月2万3000円です。

月額5000円から1000円単位で掛け金を決められるので、生活に無理のない範囲で拠出し、所得控除の対象とすることで、税金を節約できます。

でも、税金が安くなるのはいいけれど、投資は失敗の可能性があるから怖いという人もいるでしょう。そのような場合には、**「元本確保型」の金融商品を選べば、運用額が掛け金を下回ることがないので、ほとんどリスクを取ることなく、節税効果だけを享受できます。**ただし、「元本確保型」では、後述するように手数料ぶんだけマイナスになります。

iDeCoには、注意しなくてはならないいくつかのデメリットがあります。

- 国内外の株や債券に投資する金融商品に積み立てた場合、最終的にマイナスの可能性
- 手数料が高いため、元本確保型の金融商品だとマイナスになる
- 60歳になるまで掛け金を引き出せないので、インフレになると目減りする
- 加入時期によっては、60歳以降も引き出せない

前述のように、iDeCoは金融商品に掛け金を積み立てて、運用をする制度です。株や債券、不動産などの投資信託に投資する金融商品の場合、運用成績によっては掛け金よりも大幅に受取額が少なくなることもあります。

また、元本確保型の場合には、手数料も大きく響きます。加入時には2829円の手数料が発生し、毎月掛け金を拠出するなら年間約2000円から7000円（運営金融機関によって異なる）が拠出金から差し引かれます。

さらに、60歳以降で給付を受ける際に、440円の手数料がかかるうえ、現在凍結中の特別法人税が再開すると年1・173％が積み立てる掛け金の一部に対して課税されます。今は低金利の時代ですから、元本確保型の定期預金では、**手数料が引かれると確実にマイナスとなり、減税効果が小さくなってしまう**点に気をつけてください。

また、60歳になるまではｉＤｅＣｏの積立金は引き出せません。これは、解約の条件がかなり厳しく、特別な事情がない限りできないということです。最低額の毎月５０００円への変更や、毎月の掛け金を停止することもできますが、それまでに積み立てた金額は、運用され続けます。ですから、**急に大きな出費が発生したときに、「あのお金があれば……」と後悔する可能性があります。**

また、積立金の受け取りは、10年以上の拠出が条件となっているので、50歳以上で加入すると、60歳以降の給付となります。このようなことから、ｉＤｅＣｏは預金や一般的な投資とは根本的に異なるものだと認識しておきましょう。

高い節税効果を望めるｉＤｅＣｏですが、これらのデメリットを考えると、基本的には給与が高く安定した企業に勤める人だけに勧められる制度といえるでしょう。

会社に「埋蔵金」を蓄える

お金を貯めたいけれど、貯まらないと嘆く人は、もしかしたら「貯金」の方法を間違えているのかもしれませんよ。

サラリーマンが貯金をするなら、チェックしてみる順番があります。その順番は、「社内預金」↓「財形貯蓄」↓「銀行の積立預金」。

なぜ、「社内預金」を一番最初にチェックしなくてはいけないのかといえば、「社内預金」は、**給料の中から自動的にお金が積み立てられていくだけでなく、利率が一番良いからです。**

社内預金の金利は、最低でも0・5%以上と決まっています（労働基準法第18条第4項の規定に基づく省令）。現在のメガバンクの定期預金の金利は0・002%程度ですから、**銀行の250倍もの金利がつく**ということです。

◆給与天引きがメリット

「社内預金」が会社にないなら、「財形貯蓄」がないかをチェックする。

「財形貯蓄」は、従業員の財産を形成していく目的の給与天引きの貯蓄で、「一般財形」「住宅財形」「年金財形」の3種類があって、目的に合わせて引き出すと利息が非課税になるケースもありますが、今は金利が低いので、どれを選んでもあまり関係ありません。

「財形貯蓄」に預けられたお金は、通常は金融機関で預けるお金と同じ利息になるので、「社内預金」のように明らかに有利ということではありません。

けれど、給与天引きで引き落としてくれるので、**忘れていても積み立てられていくというのが大きなメリット**です。

小さな会社では、「社内預金」も「財形貯蓄」もないというところも多いです。こうした会社に勤めている方は、どうすればいいでしょう。

そういう方は、給料が振り込まれる「銀行口座」から、自動的に定期預金が積み立てされていくようにしましょう。

引き落とし日を、給料が振り込まれる翌日かその次の日くらいに設定しておけば、その日に自動的に積立定期預金口座にお金が積み立てられて、「社内預金」や「財形貯蓄」での積み立て同様に、知らないうちにお金が貯まっていくことになります。

実は、ここでやってはいけないことがあります。

それは、「利率の良い銀行の口座でお金を積み立てる」ということです。

◆積み立ては給料と同じ銀行で

預金を少しでも金利の良いところに預けたいと思うのは、当然です。けれど、今の銀行定期預金の金利は０・００２％程度。銀行によってわずかの差はあっても、月々積み立てるお金はほとんどの人が10万円以内。だとすれば、ほとんどもらう利息には大差はありません。

ですから、大切なのは、金利よりも、ずっと積み立てが続けられること。給与振込口座からわざわざ別の銀行に積み立てるお金を移すというような面倒なことをしていると、そのうち面倒になって忘れてしまって貯蓄が中断するという、元も子もない結果になりかねないのです。

究極のローリスクハイリターンは ローン繰り上げ返済

家計の埋蔵金を発掘するというと、投資で資産を増やすことをイメージする人も多いと思います。でも、投資には、リスクがつきもの。運用資金を2倍にしようと思ったら、その半分になる可能性も覚悟しておかなければいけません。

でも、まったくのリスクゼロで、元手を2倍にする方法があります。それが、住宅ローンの繰り上げ返済です。

本当に繰り上げ返済にそんな劇的なリターンがあるのか、実際にシミュレーションしてみましょう。

仮に、3500万円のローンを借り入れ、金利2・5％の元利均等返済35年のローンを組んだとします。毎月の支払額は12万5123円です。

この場合で住宅の購入後、5年で200万円を繰り上げ返済。毎月の返済額を変えずに、返済期間だけを短縮したとします。その結果、**ローンの支払期間が2年8ヶ月短縮され、残りは27年4ヶ月になり、住宅ローンの総支払額をなんと約205万円も減らす**ことができました。

200万円を先行投資することで、約205万円の節約ができたのですから、元本に対して得た利益は2倍。年利は単利およそ3・7％です。低金利の日本において、元本を保証しながら、このリターンを得られる金融商品は見当たらないでしょう。

さらに、住宅ローンを早めに返済した後に、老後の資金を貯めることができるわけですから、二重の意味で安心です。

そう考えると、住宅ローンの繰り上げ返済は、まさに究極の投資であるといえるでしょう。

繰り上げ返済に勝るコスパなし

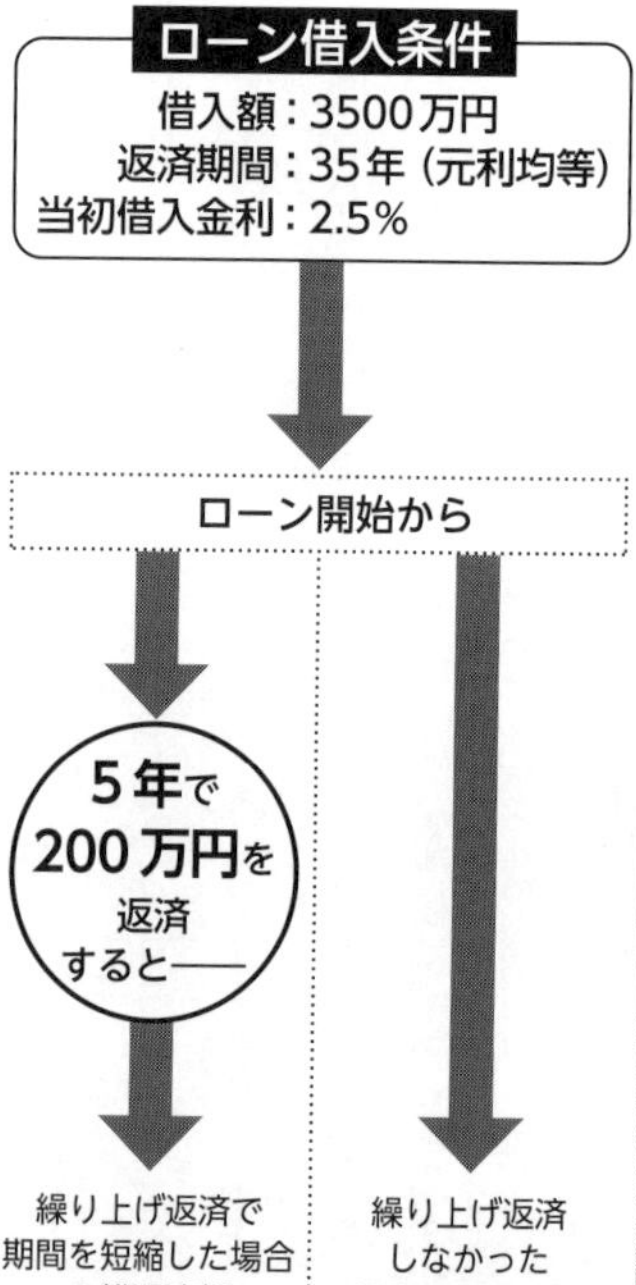

繰り上げ返済は早ければ早いほど有利です。同じ条件で、繰り上げ返済を行う時期を5年後から10年後にスライドしてシミュレーションをしてみます。そうすると、減らすことができる総支払額は157万円と50万円近く減ってしまうのです。

ですから、住宅を購入したら、なるべく節約をして貯金を行い、住宅ローンを繰り上げ返済していくことで将来の埋蔵金につながります。

なお、住宅ローンの繰り上げ返済には、期間を短縮するほか、毎月の支払額を減らす方法も選択できます。先ほどと同じ条件で、繰り上げ返済によって返済額を軽減した場合、毎月の返済額がおよそ8000円安い11万7220円となります。でも、総返済額の軽減はおよそ84万円程度にとどまります。当面、毎月の生活にゆとりはでますが、得られる埋蔵金の総額は減ってしまうというわけです。

逆に考えると、生活費ギリギリの住宅ローンを組むことは、現在だけではなく将来のお金も受け取りそこなうものだといえるでしょう。

住宅に限らずですが、ローンを繰り上げて返済する＝借金を返すということは、家計に将来の埋蔵金をつくり出します。手元に資金の余裕があるときは、**リスクのある投資をするのではなく、住宅や自動車、カードローンなどの借金を繰り上げて返済をしていくことで、投資よりも確実に儲けることができる**と覚えておきましょう。

「郵便局」に、もらい忘れが約1300億円！

「郵便局」にある、もらい忘れの「埋蔵金」とは、ズバリ、郵政民営化（2007年）する前の「簡易保険」です。

民営化する前の「簡易保険」は、「かんぽ生命」ではなく「郵政管理・支援機構」というところで預かっていますが、ここに、満期が来た年金や、加入者が死亡してもらうはずの死亡保険のうち、**誰ももらいに来ないものが、なんと約1300億円もある**のです。

郵便局の「簡易保険」に限らず民間の生命保険にも言えることですが、「死亡保険

郵便局のもらい忘れ保険金・年金

【2019年9月末】　　　　(単位　百万円)

区　分	支払期日を1年以上過ぎても受け取られていない金額
満期保険金	68,251
生存保険金・介護保険金	27,731
年金	27,651
失効・解約還付金	2,288

金」や「入院給付金」は、死んだり入院（通院）したりした時に、保険の受取人が、死亡証明書や入院証明書を取り寄せて保険会社に請求しなくては受け取ることができません。

また、満期保険金については「満期になりました」という通知が行くのですが、うっかりこれを見過ごしている人も多いようで、表のように２０１９年９月現在で、１年以上引き取り手がいない「簡易保険」が約１３００億円あるということです。

しかも、郵政民営化前に加入した「簡易保険」には、予定利率の高いものが多く、利回りが高い

「お宝保険」の可能性が高いのです！

都市銀行の普通預金金利が０・００１％という超低金利の中でも、「お宝保険」だと、なんといまだに５・５％などという考えられない超高利回りで運用されているものもあるのです。

実際に、預けた額の2倍以上になっていても、「簡易保険」の受け取りには期限がないので、今でも増え続けているのです。

◆「貯金通帳」か「かんぽコールセンター」で確認を！

なぜ、こんなことが起きているのかといえば、民間の保険の場合には、死亡保険金の額が大きいので意識して請求する人は多いのですが、郵便局の「簡易保険」は、民間に比べて額が少ないのでついつい忘れがち。また、**田舎の両親が、都会に行った子供たちのために掛けてあげているのを子供たちが知らないまま、両親が他界してしまうといっ**

たケースもあるからです。

中には、顔見知りの郵便局員に頼まれて入ったものの、そのままになっているケースや、さらに、「簡易保険」の加入者には高齢者が多いので、**満期になっていることさえも忘れてしまっているケースもある**ようです。

もし、自分が保険に入っていたような気がするとか、両親が入っていたような気がするという人は、まず貯金通帳を見てみましょう。そこに、保険料の引き落としの履歴があるかもしれません。

まとめ払いで入っていると、こうした履歴がない場合もありますから、最寄りの郵便局の窓口に行くか、「**かんぽコールセンター・0120－552－950**」**に問い合わせの電話をしてみる**といいでしょう。

思わぬ埋蔵金がゲットできるかもしれません。

郵便貯金は消滅前に救い出せ！

皆さんは、そのままにしていると「消滅」してしまう「埋蔵金」があることをご存じですか?

実は、昔の「郵便局」の貯金のなかには、預けてから20年間出し入れしないで放置しておくと、消滅してしまうものがあります。

表は、２００７年から２０１９年までの間に「消滅」した「郵便貯金」です。

なんと、**13年間に「消滅」した「郵便貯金」は、１１１８億円もある**のです。このお金は、すでに国庫に納められてしまいました。

郵便貯金の権利消滅額

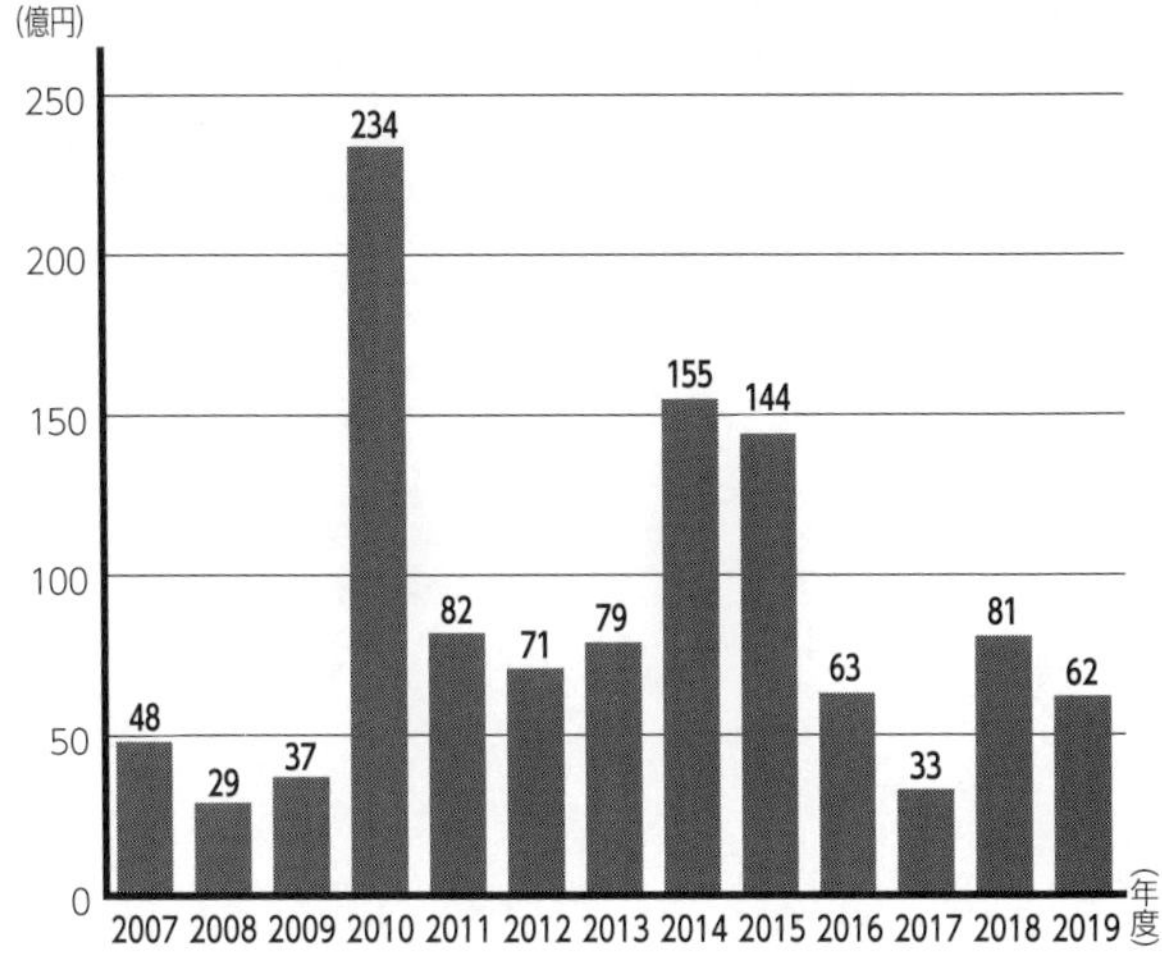

郵政管理・支援機構HPより

なぜ「消滅」してしまうのかといえば、2007年の郵政民営化前に預けた「定額貯金」「定期郵便貯金」「積立郵便貯金」「住宅積立郵便貯金」「教育積立郵便貯金」など定期性の貯金は、「郵便局」がまだ国に所属する金融機関で、国の保証が100%付いていたので、20年経つともう取りには来ないだろうということで国が「没収」できるようになっていたからです。

「郵便局」が「民営化」される前の、国の金融機関だった時には、

「旧郵便貯蓄法」が適用され、ここでは、預け入れてから満期をむかえた翌日から20年間払い戻しがない場合には、払い戻しの権利が消滅すると定められているからです。

ただし、満期後10年が経過する時や、満期後20年が経過する時には、届け出のあった住所に「このままでは消滅しますよ」という案内が送付されます。20年経過の案内を出してから2ヶ月してもお金を引き取りに来ない場合には、権利は「消滅」します。

実は、まだ「消滅」にはなっていないけれど、10年以上経って引き取り手がない「睡眠貯金」も「郵便局」には大量にあります。**なんと2019年度末で3524億円もあるのです。**

この中には、将来、「消滅」してしまう貯金も、かなり含まれていると思われます。

こう書くと、心配になってきますが、今の「郵便局」や「銀行」に預けてあるお金は、前に述べたように20年以上経過した定期性の「郵便貯金」以外は、何年放置しようと、自

銀行や郵便局で放置された預金はどうなるか

銀行の預金	**10年以上動きのない口座は「休眠口座」になるが、払い戻し可能**
郵便貯金	郵政民営化前の普通貯金や、民営化後のゆうちょ銀行の貯金 **➡ 10年以上動きのない口座は「休眠口座」になるが、払い戻し可能**
	郵政民営化前の「定額貯金」「定期郵便貯金」「積立郵便貯金」など定期性の貯金 **➡ 満期から20年経過で通知。引き取りがなければ権利消滅**

分の財産なので守られます。

ただ、2019年1月からは、**10年以上動きのない口座は「休眠口座」として一部を国が管理し、社会事業費として活用する**ことになりました。

いきなり「休眠口座」になってしまうのではなく、「休眠口座」になる可能性のある、9年以上入出金のない口座のうち、残高が1万円以上のものに、通知を郵送します。ただ、残高1万円未満の口座は、郵送通知なしで、国が管理する休眠口座になります。

「埋蔵金」の宝庫、まとめ払いのコツ

まとめ払いは、上手に使えば、「埋蔵金」の宝庫になります。

たとえば、通勤や通学の定期券や回数券。まとまったお金がないからと１ヶ月定期を買っている人も多いと思います。そういう人は、**貯蓄を取り崩してでも６ヶ月定期を買い、今まで支払っていた１ヶ月定期代は、定期を買ったつもりで積み立てましょう。**

東京郊外の国立駅から東京駅に通勤する場合、１ヶ月定期だと１万６８００円ですが３ヶ月定期なら４万７８７０円、６ヶ月定期なら８万６２２０円ですから、毎月１ヶ月定期を買うよりも、まとめて６ヶ月定期を買ったほうが、２万１１８０円もおトク。

なので、1回だけは貯金を取り崩して6ヶ月定期を買い、次からは毎月1ヶ月定期を1万6800円で買ったつもりで貯金していけば、半年で10万8000円貯まりますから、それで8万6200円の6ヶ月定期を買っても、口座には2万1800円も残ります。

積立預金の利回りに換算したら、25%を超えますから、まさにわが家の「埋蔵金」。

◆生命保険も「まとめ払い」で割安!

生命保険も、月々で支払っている方は多いと思いますが、まとめ払いすると保険料が割引されます。会社や商品にもよりますが、月払いから年払いにすると年間保険料が2%から4%程度安くなります。

たとえば、月々2万円の保険料の場合、年間では24万円支払いますが、これを1年分をまとめて支払うと5000円から1万円安くなるので、定期券同様に最初に1年分をまとめ払いし、今まで毎月払っていた保険料はそのまま口座に積み立てていけば、運用利回り4～8％の積立預金をしているのと同じ効果になります。

◆まとめ払い口座をつくって活用！

火災保険も、1年ごとに支払うよりも10年分をまとめて支払ったほうが保険料は18％ほど安くなります。

地震保険も、最長5年までならまとめ払いできます。まとめ払いなら、支払額は5年分ではなく4・6年分でよくなります。

自動車保険なども、会社や商品によってまとめ払いで安くなるものはあります。

国民年金も、一括払いで安くなります。たとえば、2020年度の保険料は、定額で1ヶ月1万6540円ですが、半年まとめて払うと9万8430円で810円割安に。1年分まとめて払うと3520円割引に。**2年分をまとめて払うと、なんと1万4590円も安くなります。**

まとめ払いでトクなもの

内容	回数	金額	差額
生命保険（かんぽ生命、一例）	年一括払い	23万3531円	**6469円（1年間）**
	月払い12回	24万円	
火災保険（損保ジャパン、一例）	10年長期一括払い	6万1980円	**1万420円（10年間）**
	1年払い×10	7万2400円	
Amazon Prime利用料金	年一括払い	4900円	**1100円（1年間）**
	月払い12回	6000円	
水・嗜好品（ウィルキンソン TANSAN）	48本セット	3571円	**1325円**
	1本×48本	4896円	
お米の定期便（JAうご あきたこまち）	精米10kg 12回分一括払い	5万4600円	**1万3920円**
	精米10kg 月1回注文×12	6万8520円	

ＮＨＫの受信料も２ヶ月払いより、年払いのほうがおトクですし、進研ゼミなどの学習教材や雑誌の年間購読、ドトールのコーヒーチケットなど、まとめ払いやまとめ購入で割安になるものはいろいろとあります。

必ず払うものなら、貯蓄を取り崩してでもまとめ払いして、**新たに銀行でまとめ払い口座をつくって、月々の支払いで浮いたお金はそこに積み立てていくようにしましょう。**そして、その口座から、必要な時にまたまとめ払いをすれば、口座には割引されたぶんのお金がどんどん貯まっていくはずです。

「二世帯住宅」は、意外な「埋蔵金」

親と一緒に住んでいる家が古くなってしまったので、二世帯住宅に建て替えようと考えている方もいらっしゃることでしょう。

二世帯住宅は、固定資産税や相続税などが軽減されるメリットがありますが、昔は玄関が一緒でないとダメだとか、建物内で1ヶ所は二世帯で行き来できるところがないとダメだとか、いろいろと規制がありました。

けれど、**いまの二世帯住宅は、玄関もキッチンも風呂も全部別々でアパートのように区切られている完全分離型でも良い**ことになっています。

完全分離で建てられるようになったことで、ご両親が亡くなったり、ご存命であっても施設などに入居されて面倒を見てもらっているといったケースだと、住まいが空きますから、そこを**将来的にはアパートとして貸し出すことも可能**です。

アパートとして貸し出すことができれば、立地条件にもよりますが、自分たちの老後の安定収入ともなります。

さらに、親と1つの土地に住むことで、いろいろなメリットを得ることもできます。

◆二世帯ならではのさまざまなメリット

二世帯住宅だと、電気代や水道代などの費用が親とシェアできますし、将来的には他人に貸して家賃をもらうこともできます。また、インターネットの回線なども1つの契約で使えますから割安になります。

二世帯住宅だと、節税にも効果があります。

まず、建てる時に、**建築費用の一部を両親から援助してもらう場合に、建物によっては一定額まで贈与税が非課税に**なります。

また、両親と同居していると、相続税が8割まで安くなる「小規模宅地等の特例」が使えます。

通常、親の家を相続すると、親と一緒に住んでいない人は、場所によっては多額の相続税がかかります。

けれど、一緒には住んでいないけれど二世帯住宅という場合、マンションのように区分登記されていなければ、1つの家とみなされ、100坪（330平方メートル）までなら「小規模宅地等の特例」が使え、相続税がかなり安くなります。

たとえば、時価1億円の土地を相続する場合、「小規模宅地等の特例」が使えないと相続税は約1220万円になりますが、100坪以下で「特例」が使えれば、評価額が80％減の2000万円に。**相続税の基礎控除の範囲内となり、税金はかかりません。**

「二世帯住宅」は、高い相続税もかからず、将来、家賃収入を生む「埋蔵金」となる可能性があるということです。

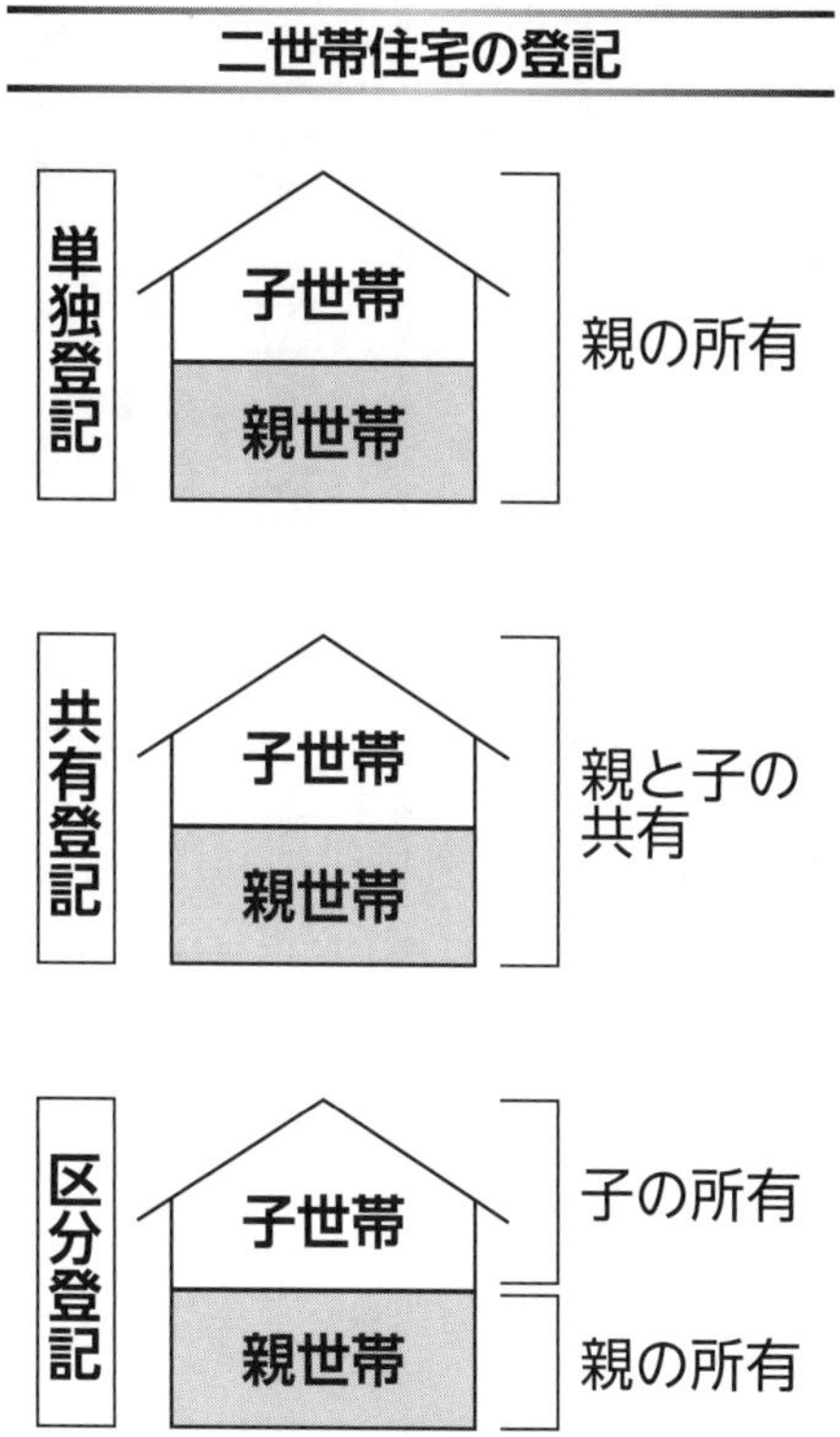

今どき利回り２％の「配当」！ 出資金でお金をプール

世の中にはさまざまな金融機関がありますが、株式会社である銀行と違って「信用金庫」や「信用組合」「ＪＡ」は、相互の助け合いの精神で成り立っています。これは、「生活協同組合（以下・生協）」なども同じです。

金融機関でも銀行などの株式会社は、事業の元手となるお金を株式によって集めますが、「信用金庫」や「信用組合」「ＪＡ」「生協」などは、事業を利用する会員が出し合ったお金を元手として運営されています。

この、利用者がみんなで出し合うお金が「出資金」です。

「出資金」には、配当が出ますが、この配当が０・５％から２％と、低金利の中ではか

なりの高金利となっています。中には、高知信用金庫のように、10%の配当を出しているところもあります（2019年ディスクロージャー誌より）。

また、出資者に対しては、定期預金の金利を上乗せしているところもあります。

◆地域で、一緒に生きていく覚悟を！

「出資金」は、預金ではないので自由に引き出すことはできません。また、その金融機関が倒産した場合には、戻ってこない可能性もあります。また、多額の出資はできないので、配当金も多額にはなりません。

会員をやめる時には、この「出資金」は戻してもらうことができますが、ただ、いつ戻ってくるのかは金融機関によってまちまちです。

こうしたところは、地域での助け合い、支え合いの精神で成り立っているので、ここは、少しでも住んでいる地域を良くしたいという精神で！

デパート友の会で利回り15％の積み立て！

２０２１年現在、銀行に預金をしていてもほとんど増えない低金利の状態が続いています。大手都市銀行の普通預金の金利は０・００１％。１００万円を預けても年間で10円しか増えず、そこからさらに税金も差し引かれます。

でも、使い道を特定すれば、そんな**銀行金利の１万５０００倍の15％相当の利回りを狙える積み立てがあります**。それは、デパートの友の会の積み立てです。三越伊勢丹や高島屋などの日本百貨店協会に加盟するデパートで運営されている制度。たとえば、月々１万円を12ヶ月積み立てると、13万円ぶんの買い物券または買い物カードをもらえます。

12万円の現金で13万円の買い物ができるので利回りは約8・3％ではないかと考える人もいるかもしれません。最初に積み立てた1万円は12ヶ月分の金利が加わりますが、最後の1万円は1ヶ月分しか加わらないので利回りに換算すると15％になるのです。

この低金利時代に、元本に加え15％の金利が保証される金融商品などありません。

注意点としては、友の会に入会したデパートでしか、買い物券や買い物カードを使えないこと。また、デパートの経営が破綻すると、積立金がパーになってしまう可能性もあります。十分に意識しておくべきリスクです。

それを考慮しても、15％の利回りだけでなく、**ホテルやレストランの優待サービスや、サークル活動への割安な参加など、さまざまな特典もある**友の会は、デパート好きなら活用すべきお得な制度です。

「楽しい貯金」で、「埋蔵金」を増やそう！

新型コロナの影響で、なかなか収入が増えないと、悩んでいる方も多いのではないでしょうか。

とはいえ、イザという時のことを考えると、「貯金」は必要です。

貯金の基本は、76ページで書いたように、会社員なら「社内預金」や「財形貯蓄」。それがない会社なら、給料日の次の日くらいに、給与が振り込まれる口座から一定額を積立預金にしていくと、無理なく貯まると書きました。

こうした基本をおさえた上で、楽しく「貯金」していくことも生活にハリを与えます。

そこでここでは、「楽しい貯金」を考えてみましょう。

（1）**「おつり貯金」は、目に見えるように！**

「おつり貯金」とは、使ったお金のうち、100円以下や500円以下と金額を決め、端数を貯金していくというもの。

たとえば、夕飯のおかずを1000円で済ますために1000円札を出したら23円のおつりがきたという場合、この23円を「貯金」します。その**「貯金」は、必ずガラス瓶などに貯めて**いきましょう。ガラス瓶だと、毎日少しずつでもお金が貯まっていく様子が見えて、「貯金」をする励みになります。

（2）**「歩数貯金」で、ついでに健康もゲット。**

「歩数貯金」とは、ウォーキングと貯金を合体させたもの。

たとえば「1日5000歩歩いたら100円貯金する」と決めて、貯めていく。逆に、1日5000歩に満たなかった日に100円貯金するというルールにしておけば、**健康**

に気を使いながら、「貯金」もできます。

さらに、酒量が多い人なら、ビールを2缶以上飲んだら「貯金」するとか、体重が1キロ以上増えたら貯金するなどというのもありでしょう。

（3）「365日貯金」は、懐具合に合わせて！

1年は365日ありますが、1月1日に1円、1月2日に2円、1月3日に3円と、毎日1円ずつ貯金額を増やし、12月31日には365円貯金をするというルールにしていったら、1年に、どれくらいの「貯金」ができると思いますか？

最大で365円なのだから、たいしたことはないだろうと思う方も多いことでしょう。けれど、**驚くなかれ、なんとこれで6万6795円にもなる**のです。少額でも、続けることが大切だということがよくわかるでしょう。

ただ、毎日続けるのは大変。そこで、20×20のマス目をつくり、そこに1から365までの数字を書き入れておく。そして、お財布の中に小銭が貯まったらその金額のマス目を消して「貯金」していくようにすれば、マス目がどんどん消えていき、全部消えたら6万6795円が貯まっているということです。

(4)「小銭貯金」は、財布も軽くする。

「小銭貯金」は、財布にある1円玉、5円玉、10円玉といった小銭を貯金箱に入れてしまう「貯金」です。

「小銭で財布が膨らむとカッコ悪い」と思っているご主人には、ぴったりの貯金方法。**いつの間にか、まとまったお金になっている**はずです。

最近は、「おつり貯金」や「歩数貯金」ができるスマホアプリもあります。自分に合った方法で、コツコツと貯めていきましょう。

Came out in plenty.

第3章 申請だけでザクザク

年金も確定申告をして所得税を取り戻そう！

公的年金を受けている人は、基本的に確定申告が不要です。例外として、「公的年金などの収入金額の合計額が４００万円を超える」「公的年金以外の所得金額が20万円を超える」など、いくつかの条件に当てはまる人は確定申告の必要がありますが、年金は支給時に所得税や住民税などが差し引かれていますので、税金に関する面倒な計算に悩む必要はありません。

ところが、それが落とし穴。確かに、**年金受給者が〝払うべき〟ものはしっかりと差し引かれていますが、年金収入から控除すべきものは勘案されていません。**つまり、確定申告が不要だからと安心していると、還付されるべきお金を逃してしまうのです。特に、前年まで会社で年末調整をしてもらっていた、退職したばかりの人は要注意です。年末には、しっかりと家計の棚卸しをしましょう。

たとえば、家族の国民年金保険料や国民健康保険料を支払っている場合にも、**社会保険料控除を申請できます**。住宅ローンが残っている場合には、住宅ローン控除を受けられるかもしれません。また、**10万円を超えた医療費の自己負担分（総所得が200万円未満の人はその5％を超えた部分について）も控除の対象となります**。確定申告不要であることに安心せず、自分が控除申請できる支払いを洗い出して埋蔵金へとつなげましょう。

なお、還付申告は、控除すべき出費のあった翌年の1月1日から4年後の12月31日まで5年間可能。過去に確定申告をしなかった場合でも問題なく還付を受けられますので、居住地域を管轄する税務署に問い合わせをしてみましょう。

家賃を安くし「お宝」を生む「契約書」をチェック！

新型コロナで、家計のやりくりが大変だというご家庭も多いことでしょう。中でも、削りたくても削れないのが「家賃」。

ただ、知らない人も多いのですが、**「家賃」は値切ることができます。**

そもそも家賃は相対交渉なので、大家が「いいよ」と言ってくれれば下げられます。

一度、「賃貸契約書」をチェックしてみましょう。「賃貸契約書」の中には、家賃の値下げを要求できるものがあるからです。

たとえば、国土交通省が音頭をとってつくった「賃貸住宅標準契約書」には、「甲及び乙（貸した人と借りている人）は、次の各号の一に該当する場合には、協議の上、賃料を改定することができる」とあり、**経済事情や周りの賃貸価格に照らし合わせて高くなっているという場合には、値下げ交渉ができる**ことが明記されています。

多くの不動産業者がこの「賃貸契約書」を使って契約していますが、中にはオリジナルな契約書を作成しているところもあります。

そうした場合には、契約の更新時に、この契約書を使って契約してもらえないか聞いてみましょう。「賃貸住宅標準契約書」は、インターネットでも売っているし、文具店などでも揃えているところがあります。

ただ、契約書にはなくても、「コロナで収入が激減した」と言えば、応じてくれる心優しい大家さんもいるかも。聞いてみるのはタダですから、トライする価値はあります。

電力会社の切り替えで電気代がグンとおトクに！

出費を減らすことで、思わぬ埋蔵金が生まれます。家計の固定費の中で、かなりの割合を占める**電気代を簡単に減らす方法がある**ことをご存じでしょうか。それは、臨機応変に電力会社を切り替えることです。

2016年4月から電力の小売自由化が開始。東京電力や関西電力など、地域の電力会社（一般送配電事業者）だけでなく、新しい電力会社が電力事業に参加しました。その特徴は、東京電力や関西電力といった既存の地域電力よりも電気代が安いことでした。

一方、最近では新型コロナが蔓延し、家庭の電力需要が高まるなか、各国を寒波が襲って火力発電の燃料である液化天然ガス（ＬＮＧ）の価格が高騰。この影響で、新電力会社の電気料金も上がりました。

その点、大手の電力会社は長期でＬＮＧの供給契約をしているため、電気料金は落ち着いています。

ここで覚えておきたいのは「電力会社は電話一本で簡単に替えられる」ということ。

大手にしても、新しい電力会社にしても、臨機応変に電力会社をスイッチングすれば、常に電気料金を安くおさえられます。

◆シミュレーションはウェブサイトで

電気料金のシミュレーションは、「エネチェンジ」や「価格・ｃｏｍ」などの新電力比較サイトを利用するのが便利。そうしたサイトを経由すると、**数万円単位の割引やキ**

ャッシュバックなどの特典を受けられてさらにお得です。

ただし、切り替えの手数料は要チェック。長期出張の多い一人暮らしの人など使用電力が極端に少ない場合、割高になることもあるので事前のシミュレーションは忘れずにしましょう。

また、新電力会社の中には、新興企業や、これまであまり一般向けの事業を手がけてなかった企業も多く、知名度はいまいち。なんとなく、ちゃんと電気が届くのかなと不安に思う人もいるかもしれません。でも、変電所や送電網などについては新電力会社も従来の地域電力会社の設備を利用するため、**停電が増えるなどの心配はありません。**また、万が一、倒産してしまった場合でも、一般送配電事業者が電気を供給することになっているので安心です。

名前を知っている大企業の新電力会社と契約をしたい場合には、携帯電話会社やガス会社が運営する新電力を使うのも一案です。たとえば、ＫＤＤＩの「ａｕでんき」なら、月々の電気代はそれほど変わりませんが、最大５％ぶんのＰｏｎｔａポイントがもらえます。

さらに、電気だけでなく、２０１７年４月からは都市ガスも自由化されています。ガス会社の切り替えによる節約効果は電気代ほどではありませんが、家庭の月々のガス代をおさえることができるお得なサービスです。こちらも、新電力会社との契約と同様に、電話やインターネットで検針票の内容を伝えることで契約可能です。

申し込みだけで、電気代やガス代が安くなる制度を賢く利用しましょう。

介護で休んでも、お金がもらえる

高齢化が進む中、家族の介護のために会社を休むという人もいらっしゃるのではないかと思います。

家族を介護しなくてはならないという人には、休みがもらえる2つの制度があります。「介護休暇制度」と「介護休業制度」です。

「介護休暇制度」とは、介護が必要な家族1人につき年間で5日間休みがもらえる制度です。ただし、休んでいる間の賃金は支払われません。休む当日の申請も可能で、6ヶ月以上雇用されている人なら使えます。

「介護休業制度」は、会社に1年以上勤めている人が93日までもらえる休みで、3回まで分けて取ることができます。休業を開始する2週間前までに、会社に書面で申請する必要があります。

「介護休暇制度」との違いは、休む期間が長期間でも可能なことと、その間の給料が支給されるということです。給料については法的な定めはないので、会社によっては「介護休暇」同様に無給の場合もあります。

ただし、会社からもらうのではなく、**雇用保険の「介護休業給付金制度」を利用すれば、お金をもらうことができます。**

この場合、条件を満たすと、給料の67％まで払われます。支給額には上限があります。

「介護休業給付金」は、休業を終えてから申請するものなので、介護休業中にはもらえないことも覚えておきましょう。

結婚、出産、テレワークで、自治体からの支援いろいろ

いま、地方の自治体は、少子高齢化や人口流出を止めるために、あの手この手で補助金を出しています。

◆結婚したら、お金が出る

政府では、地域少子化対策の一環として「結婚新生活支援事業」を実施しています。これは、34歳以下の新婚で、世帯所得が340万円未満などの条件をクリアすれば、30万円が支給されるというものですが、**2021年4月からは、もらえる上限額が60万円**

に引き上げられることになりました。

対象年齢も緩和され、２０２１年4月からは、夫婦ともに39歳以下ならオーケー。世帯所得条件も５４０万円未満まで緩和されます。

この「結婚新生活支援事業」は、新居の住居費や新居への引っ越し費用が対象で、市区町村によってもやっているところとやっていないところがあり、事業名や対象世帯、補助上限額などが異なることがあるので、詳しくは、最寄りの市区町村に問い合わせてみてください。

◆出産すると、お金が出る

出産すると、子供1人につき42万円の出産育児一時金が支給されるのはどの市区町村も一緒ですが（双子なら84万円）、自治体によっては、さらにここに**上乗せの「お祝い」**

を支給しているところが少なくありません。

たとえば、北海道の泊村では、「ふるさと定住促進条例事業」で、結婚したら1組10万円、出産したら第1子が5万円、第2子以降に各10万円の出産祝い金が支給されます。

また、石川県中能登町では、第1子が10万円、第2子が20万円、第3子は30万円と、子供を産めば産むほど、出産祝い金が増えていきます。

東京都内でも、助成金を出している区はいくつもあって、たとえば渋谷区では、「ハッピーマザー出産助成金」として子供1人に10万円を支給しています。練馬区の場合は、3人以上子供を産んだ区民には、「第3子誕生祝金」として、3子以降の子供1人につき20万円を支給しています。

◆テレワークで、お金がもらえる

地方創生企業支援の一環として、東京に勤務先がある人が、仕事を変えなくても、**地**

方に移住してテレワークで仕事を続ける場合、補助金が最大で100万円出ることになりました。

これは、新型コロナの影響と、地方の過疎化を防ぐための政策です。

さらに、地方でIT関連企業を立ち上げた人には、最大で300万円を補助する制度もできました。

東京だけでなく、地方でもテレワークを受け入れる体制をつくりつつあります。

たとえば、栃木県では、新型コロナ対策で県外に本社を置く企業が、リモートワークを推進するために栃木県内にサテライトオフィスなどを開業する場合には、上限150万円の補助（21年3月31日まで）をしているほか、山梨県でも、オフィス移転に関しては、条件を満たせば、**賃貸料などを含めて最大3000万円までの助成**をしています。

移住してお金がもらえる自治体は

Ｉターン、Ｕターン、移住などにさまざまな支援をする自治体が増えています。

たとえば、静岡県富士市では、同市に転入する夫婦の一方が40歳未満だと、住宅取得にかかる費用の最大２００万円までを交付しています。

実は、東京一極集中に危機感を持っているのは政府も同じで、２０１９年から２０２４年の６年間で、６万人を地方移住させることを目標に支援金を創設。

東京から地方に移住して社会的事業を起業する人を対象に、最大３００万円を給付する制度をつくり、事業の実施を自治体に呼びかけています。

起業支援金と移住支援金

目的	●東京圏からのUIJターンの促進 ●地方の担い手不足対策
支援対象者	●東京23区に在住または通勤している人で道府県への移住者
事業主体	●地方公共団体
支援の内容	●移住と起業に要する費用など
金額	●地域の課題に取り組む「社会的起業」を支援 ➡ 最大200万円 ●地域の中小企業への就業者など「移住」を支援 ➡ 最大100万円（単身者は60万円） **※地方へ移住して社会的起業をした場合最大300万円の支援が受けられる！**

自治体でも、独自の移住制度があるところがあって、たとえば宝島社の「田舎暮らしの本」（2020年2月号）の「移住したい都道府県」ランキング1位の長野県には、移住のための支援制度「おためしナガノ」があります。オフィスの利用料や住居の費用など、条件を満たせば半年で最大30万円を支援するというもの。移住の決心がついたら来てくださいということです。

親の介護でも、請求すればお金が戻ってくる

サラリーマンの場合、1年間にかかった医療費をまとめて確定申告すれば、「医療費控除」で払いすぎの税金が戻ってくるということは110ページでも説明しています。その際のポイントは、家族の医療費を合算して、最も所得税率が高い人が申告すること。**薬局で買った治療薬だけでなく、温泉やジムの費用も、一定の条件をクリアすれば対象になります。**

けれど、意外と知られていないのは、「親の介護費用」も、実は医療費控除の対象になるということです。

医療費控除の対象となるものに、「施設サービスの対価」と「居宅（在宅）サービス等

の対価」があります。

◆対象となる「施設サービスの対価」は？

高齢の親を、介護施設に預けている方も多いことでしょう。

実は、居住費や食費、介護保険サービス費が、医療費控除の対象となる施設がります。

対象となるのは、特別養護老人ホーム（指定介護老人福祉施設）、指定地域密着型介護老人福祉施設、介護老人保健施設、指定介護療養型医療施設など。

特別養護老人ホームや指定地域密着型介護老人福祉施設については、介護保険で提供される施設サービス費のうちの自己負担分の2分の1が医療費控除の対象となります。

介護老人保健施設、指定介護療養型医療施設については、リハビリや治療をするため、介護保険で提供される施設サービス費のうちの自己負担分が医療費控除の対象となります。

ただし、介護保険の対象とならない日常生活費（理美容代）や日常生活で必要なものを購入する費用は、医療費控除の対象にはなりません。また、グループホームや、有料老人ホームでの介護サービスは対象外となります。

◆対象となる「居宅サービス等の対価」は？

在宅で介護保険のサービスを受けている人は、訪問看護や訪問リハビリテーション、医療機関でのデイサービスやショートステイなど、**かなり幅広いサービスで自己負担している金額が医療費控除の対象となります。**

また、医療費控除対象の居宅サービスとセットなら、夜間のオムツ交換や訪問入浴サービスなども対象になります。

ただし、福祉用具の貸し出し料金や生活援助のサービスなどは対象外となっています。

介護は、平均で5年と言われています。保険でまかなえる部分は医療費控除の対象になりませんが、自己負担もかなりあるケースが多いので、家族を介護しているなら、戻してもらえる税金はしっかり戻してもらいましょう。

居宅サービスの対価にかかわる医療費控除

❶訪問介護【ホームヘルプサービス】　❷訪問入浴介護
❸訪問看護　❹訪問リハビリテーション
❺居宅療養管理指導【医師等による管理・指導】
❻通所介護【デイサービス】
❼通所リハビリテーション【医療機関でのデイサービス】
❽短期入所生活介護【ショートステイ】　❾短期入所療養介護【ショートステイ】

国のお金で、キャリアアップ

これからは、スキルがモノを言う時代。スキルは、一生ものの「お宝」です。

この「お宝」を、会社に所属しているうちに雇用保険で補助してもらいながら、しっかりゲットしておきましょう。

それができるのが、「教育訓練給付制度」。

厚生労働大臣指定の教育訓練講座を受講してこれを修了すると、受講にかかった費用の20％（4000円以上、上限10万円）を戻してもらえます。

たとえば、簿記の資格を取るのに20万円かかったなら、受講後に領収書と教育訓練証明書を発行してもらってハローワークに申請すれば20％にあたる4万円が支給されます。

この制度は、通算で3年間以上雇用保険に加入していれば使えますが、はじめての方なら、雇用保険に1年以上加入していれば使えます。また、会社を辞めても離職後1年以内なら利用することが可能です。

さらに、2014年10月からは、従来の制度のほかに「専門実践教育訓練給付金」というコースができました。これは、より専門的な知識を身につけるためのコースで、年間40万円を上限に、かかった費用の50%が支給されます。訓練期間は最長3年。受講が終わって1年以内に就職したら、かかった費用の70%（年間の上限は56万円）で給付金を再計算し、差額が支給されます。

詳しくは、最寄りのハローワークで確認を。どんな講座があるかは、自宅のパソコンからも検索できます。（https://www.kyufu.mhlw.go.jp/kensaku/）

失業した場合は——もらえるお金はこんなにある

新型コロナで、失業を余儀なくされてしまう方が増えています。もし、不本意にも失業しても、制度を知っているのと知らないのでは、手当が随分と変わってきます。

まず、解雇される場合には、「30日以上前に解雇予告する」というルールがあります。そして、もし30日にならないうちに解雇されたら、その日数分の手当をもらえます。

たとえば、「明日から来なくていい」という場合には、平均給料の30日ぶんの「解雇予告手当」をもらうことができます。解雇を言い渡されてから10日後の解雇なら20日分、20日後の解雇なら10日分というように**最大30日ぶんの給料は確保できます。**

会社が、何の前ぶれもなく倒産してしまった場合も、30日分の「解雇予告手当」に相当するので、労働基準監督署に相談してみましょう。

◆未払いの賃金は、8割まで立て替えてもらえる

会社が、自転車操業で何ヶ月も給料が未払いのまま倒産してしまうこともあります。会社にお金がなくて回収が難しかったり、社長が失踪して行方をくらましてしまったなどという場合には、労働者健康安全機構の未払賃金の「立替払制度」があるので、労働基準監督署に相談すれば、**条件を満たす人には、パートでも退職の半年前から未払いになっている給料と退職金の8割が受け取れます**（ボーナスは含まれません）。

会社を辞めさせられる時には、**必ず「自己都合」ではなく「解雇」にしてもらうこと**です。「自己都合」の退職と違って「解雇」なら、待機期間は7日間だけ。その後すぐに失業手当が支給されます。

さらに、新型コロナの影響で「解雇」される場合には、従来の失業手当に、さらに60日ぶん給付が延長されます。たとえば、50歳で勤続20年以上なら、新型コロナが原因での「解雇」だと、所定の330日に60日足して、もらえる失業手当が390日ぶんになります。**再就職先が早く決まれば、「再就職手当」も出ます。**

◆「再就職手当」は、給料とダブルでもらえる

失業して雇用保険をもらっている間に再就職先が決まっても、失業保険をもらいきってしまってから再就職しようと考える人もいるかもしれませんが、再就職を優先すべきです。失業保険の支給残日数が3分の1以上あって、1年以上雇用されることが見込まれ、一定の条件を満たしている人には、「再就職手当」が出るからです。

再就職手当は、失業保険の6～7割ですが、給料とダブルでもらえるので、こちらのほうがいいでしょう。

失業・求職でもらえるお金

制度名	もらえる金額	申請先
失業給付	賃金日額の45〜80% × 所定の給付日数	ハローワーク
高年齢求職者給付金	基本手当 × 30日もしくは50日	ハローワーク
未払賃金立替払制度	未払い賃金 × 80%	労働基準監督署など
住居確保給付金	地域ごとに一定額 × 最長9ヶ月	市区町村など
職業訓練受講給付金	月額10万円	ハローワーク
求職者支援資金融資	最大10万円 × 職業訓練受講月数（最長12ヶ月分）	ハローワーク・労働金庫
一般教育訓練給付金	最大10万円	ハローワーク
技能習得手当（通所手当）	月額最大 4万2500円（交通費）	ハローワーク
再就職手当	基本手当 × 支給残日数 × 60%もしくは70%	ハローワーク
高年齢再就職給付	給料の最大15%	ハローワーク
傷病手当（雇用保険）	基本手当 × 所定の給付日数	ハローワーク

「ふるさと納税」で、人間ドックから楽器の寄付まで！

いまや、何でもありの「ふるさと納税」。ふるさと納税とは、居住地以外の自治体に寄付をし、寄付額から2000円を引いた額が税控除される仕組みです。

自治体からの返礼品には海産物、肉、米などの特産品はもちろんのこと、「お墓参り代行サービス」から「高齢者の見守りサービス」、「空き家の管理」など、ユニークであると同時に便利なサービスも出てきています。

ちなみに、福島県田村市の「墓地清掃・お墓参り代行サービス」は、寄付金1万5000円で、墓に線香や花、お供え物まであげてくれます。

「高齢者見守りサービス」は、近所の郵便局と提携し、毎月1回、12ヶ月間、故郷に暮らす親御さんなどを郵便局員が訪問し、状況を知らせてくれます。

「空き家の管理」は、たとえば奈良県桜井市では、寄付金額1万2000円で、年間2回、家屋の外観状況を見て写真を送付してくれます。別途費用はかかりますが、植木の剪定や庭の草取りなどもしてくれます。

◆人間ドックも「ふるさと納税」で

最近は、「人間ドック」もふるさと納税で受けられるようになっています。

寄付金3万円であらかたの診断が受けられる愛知県津島市の「人間ドックAコース」から、千葉県八千代市の〝ラグジュアリーな空間で受ける癒やしの人間ドック＋脳ドック〝スパ＆リラクゼーションプラン〟（胃カメラ＋お食事＋トリートメント付き）29万円まで、230以上の自治体が、サービスを提供しています。

◆家に眠る楽器を寄付して、税金を安くする

家で眠る楽器を、学校や音楽団体などに贈る「楽器寄附ふるさと納税」というシステムも出てきています。

「楽器寄附ふるさと納税」を最初に始めたのは、三重県いなべ市です。

家庭で使わなくなった楽器を「寄付」するもので、愛着があって捨てられないという人には利用価値ありです。

手順は、楽器寄附ふるさと納税のホームページにある希望リストを見て、寄付したい学校等を選び、書面での1次査定の金額に問題なければ、梱包キットを取り寄せ、楽器を送り、最終査定してもらいます。

楽器を贈った方は、最終査定額を寄付したとみなされます。**一般のふるさと納税と同様に、査定額から2000円を引いた額が控除されます。**

◆余剰電力を寄付して、お礼の品をもらう

家庭の余剰電力を寄付する「ふるさとエネルギーチョイス・えねちょ」というシステムも出てきています。

家庭で発電され余った電気は、2009年の「余剰電力買取制度」の開始以降、電力会社と契約した価格のまま売電できることを国が保証しています。しかも当初は、太陽光発電などの普及を狙って、売電価格も高めに設定されていました。

けれど、国との契約の10年が過ぎる事例が出てきています。

その場合、再契約すると売電価格はそれまでの4分の1以下になることも。

そこで、こうした余剰電力を寄付してもらい、寄付先の自治体で利用する仕組みです。特産品などの返礼品も用意されています。

高齢ドライバーは、サポカー補助金を

あまりに高齢になって、車の運転がおぼつかなくなったら、無理をしないで免許を返納しましょう。高齢者ドライバーの事故が増えているからです。

免許を返納するというと、ちょっと寂しい気がしますが、実は、いろいろな特典が用意されています。

たとえば、東京の巣鴨信用金庫は免許を自主返納すれば、1人500万円までスーパー定期の金利を店頭より「0・05%」高くしています。同様のサービスは、東京シティ信用金庫や西京信用金庫にもあります。警視庁のホームページに特典サービスや商品の案内があります。

免許を返納すると、地域によって**ホテル利用から公共施設の割引、タクシーやバスに安く乗れるなどさまざまなサービスがある**ので、興味がある方は最寄りの警察署に問い合わせてください。

◆運転し続けるなら、「サポカー」を

田舎に住んでいると、車は移動の足ですから、高齢になってもおいそれとは手放せないという方もおられるでしょう。

そんな方は、官民連携で開発している「サポカー」に注目。自動ブレーキやペダルの踏み間違い時の加速抑制装置などがついた安全運転をサポートする車で、搭載カメラで車線を察知し、はみ出して走ると警報が鳴ったり、夜でも前方が見やすいライトに自動的に切り替わったりする機能が搭載されています。

それだけでなく、「サポカー」に乗るという人なら、補助金が使えるかもしれません。

◆いまの車に後付けもできる

「サポカー」には、「サポカー」と「サポカーS」という2種類があり、それぞれに購入時に補助金が使えます。

「サポカー」は、歩行者を検知し、衝突しそうになったら警告音などを鳴らし、それでもブレーキ操作がないときに自動でブレーキをかける「衝突被害軽減ブレーキ」がついた車です。「サポカーS」は、衝突被害軽減ブレーキとともに、アクセルとブレーキを踏み間違えても急加速しないようにする「ペダル踏み間違い急発進抑制装置」がついています。

65歳以上の方がこうした機能がついた車を購入すると、「サポカーS」の場合、新車の普通車なら10万円、軽自動車なら7万円、中古車なら4万円の補助金が出ます。「サポカー」は、新車の普通車なら6万円、軽自動車なら3万円、中古車なら2万円。該当する車種や購入時期、年齢など、詳しくは販売店に問い合わせてください。

サポカーの試乗会は全国の運転免許センターや自動車販売店などで開催されている（写真・朝日新聞社）

さらに、「サポカー」では、急発進抑制装置を車に後付けするのにも補助金が出ます。**お持ちの車に、工賃込みで3万〜4万円前後から取り付け可能な装置もあり、最大4万円の補助金が出ます。**親御さんにプレゼントしてもいいのではないでしょうか。

「サポカー」の補助金については、当初は2021年3月末で打ち切りの予定でしたが、4月以降も、予算額が終わるまで続くことになったので、検討するなら早い方がいいでしょう。

Came out in plenty.

第4章 財布と部屋からザクザク

ポイントが、家庭の「埋蔵金」になっている

日本銀行の２０１８年の調査では、電子マネーの決済額は５兆４７９０億円で、カードの発行枚数も、３億９０７７万枚にのぼり、国民１人あたりにすると３枚保有していることになるのだそうです。

ここに、平均２％のポイントが付いているとしたら、これだけで１０００億円を超えますから、ポイントは第２のマネーとも言えます。

ところが、このポイントを失効してしまっている人が意外と多くいて、**毎年３～５割のポイントが失効している**とも言われています。

では、せっかくのポイントを失効させないためには、どうすればいいのか。

最近は、ポイント交換できるカードが増えています。**失効しないうちに、Tポイントやｐｏｎｔａポイントなどの共通ポイントに交換**して、日々の買い物に使うのが合理的。また、次回の買い物に使えるポイントなら、貯めておかずにどんどん使ってしまうといいでしょう。

◆ポイントで「電気代」「ガス代」が節約できる？

「電気料金」や「ガス料金」を支払うにも、ポイントがつく場合、このポイントを活用すれば、トータルで考えると電気代が安くなるケースが出て来ます。

たとえば、電気代を払う場合、いちいちコンビニに支払いに行くのは面倒なので、「クレジットカード」で払うか「口座振替」で払うということになるでしょう。どちらも、自動的に支払われるので面倒がないからです。

クレジットカードの場合には、支払いに応じてポイントが還元されるので、毎月、コンスタントにポイントが貯まっていきます。

「口座振替」の場合には、月55円の口座割引になります。

電気の使用量にもよりますが、家族が多かったら、口座割引よりもポイントのほうがちょっぴりお得になるかもしれません。

◆ポイントで、「投資」ができる

最近は、手持ちのポイントで「投資」ができる仕組みも出てきています。

このポイント投資は、主に2つのタイプに分けられます。

1つ目は、ポイントを現金に換えて、投資信託や株などを購入し運用するというもの。

たとえば、楽天のポイント投資では、楽天グループの買い物や旅行などで貯まったポイントで、投資信託や株などに投資できます。

楽天証券に口座を開設すると、そのポイントで通常の投資と同じように、実際の投資商品を購入することができます。投資商品によっては手数料もかかりますが、**買った商品を売却したら、手元に現金が残ります。**

2つ目は、ポイントのまま運用するものです。

たとえばdポイントやＰｏｎｔａポイントなどで、実際の投資商品を選び、その値動きに合わせてポイントが増減。投資を終了すると、ポイントが戻ります。

現金が絡まない、投資の疑似体験ですから、**証券口座の開設は不要で、手数料もかかりません。**将来、本格的な投資を目指す若い方には、よい練習台になるかもしれません。

投資に興味があるけれど、損するのは絶対にイヤというなら、ポイントで「投資体験」をしてみるのもありかもしれません。

クレジットカードをつくるだけで2万円以上もらえる?

日常生活を送っていると、インターネットで買い物をしたり、旅行をしたり、外食をしたり、クレジットカードを作ったりと、さまざまな行動をとります。じつは、その一つひとつに埋蔵金が隠されていることを知っていましたでしょうか。行動をする前に、あることをするだけで、現金や電子マネーなどをもらえます。それは、ポイントサイトを経由することです。

ポイントサイトは、インターネットショッピングやクレジットカードの申し込み、証券会社の口座開設などをする際に、そのサイトを経由することでポイントをもらえるサ

イトのことです。多数ありますが、有名なところでは「ポイントインカム」「モッピー」「ハピタス」「ちょびリッチ」などがあります。

たとえば、あるポイントサイトを経由して、大手インターネットショッピングサイト「楽天市場」で買い物をしたとしましょう。この場合、楽天の通常ポイントに加えて、ポイントサイトから独自のポイントを1％ぶんもらえるのです。つまり、**1万円の買い物をしたとするならば、100円ぶんが埋蔵金となる**のです。

ポイントサイトを経由して買い物をした場合、付与されるポイントは0・5％〜。なかには、10％ぶんのポイントを獲得できるショッピングサイトもあります。ただ経由するだけでポイントをもらえるのですから、利用しない手はないでしょう。

クレジットカードや証券会社の口座開設など、サービスの申し込みもポイントサイト経由がおトク。たとえば、この本の執筆時点で、あるポイントサイトでは、通信会社のゴールドカードの入会キャンペーンを行っています。**このリンクを経由してカードの申し込みをするだけで、2万3500円ぶんのポイントがもらえます。**

また、証券会社の口座開設と初回取引で7000円ぶん、FX口座の開設と指定の量の取引で2万3000円ぶんなど、大型の案件も多数。なにか申し込みたいサービスがあった場合、ポイントサイトを覗く癖をつけるだけで埋蔵金ががっぽりと貯まっていきます。

ただし、不要なサービスへの申し込みはトラブルの元。特に、投資セミナーや一括見積もりなどへの申し込みは、しつこい連絡が来る可能性もありますので、厳選して利用しましょう。

◆現金や電子マネーへの交換も

そうやってポイントサイトで貯めたポイントは、現金や他社ポイントに交換して使います。もっとも手軽なのは現金への交換でしょう。ただし、振り込み先の銀行によっては手数料が発生することが多いので注意しましょう。ほかにも電子マネーや楽天ポイントやdポイント、Tポイントなど、街のお店で使えることの多い共通ポイントや、ギフト券など交換先はいろいろ。**交換レートの優遇キャンペーンを利用すると、よりおトクにポイントサイトを活用できます。**

よく利用するサービスの還元率のほか、現金や電子マネー、他社ポイントとの交換レートなどがポイントサイト選択の見きわめ点です。

ポイントサイト以外にも、外食時に覆面モニターとして訪問してアンケートに答えることで飲食金額から一定のポイントバックを受けられるサイトや、レシートを送ることでポイントを獲得できるサイトなど、毎日がお得になるサービスがインターネットには多数あります。そうしたサービスをうまく使いこなせば、埋蔵金が発掘できます。

キャッシュレス決済で生活費20％オフも可能!?

　キャッシュレス決済は今後、確実に普及していきます。

　政府が、キャッシュレス決済を推進しているからです。たとえば、新型コロナウイルス感染症拡大対策として政府が提唱した「新しい生活様式」では「電子決済の利用」を推奨します。電子決済とは、いわゆるキャッシュレス決済のことです。

　その波に乗ることは、埋蔵金の発掘につながります。かつては消費税増税のタイミングである２０１９年10月から「キャッシュレス・消費者還元事業」を９ヶ月間にわたって実施しました。これは、キャッシュレス決済を利用することで、最大５％の還元を受け取ることができるという制度でした。消費税増税による消費の冷え込みを緩めるとともに、キャッシュレス決済の利用を推進することが目的でした。

また、本稿執筆時の2021年1月現在、政府は同年9月までの予定でマイナンバーカードとキャッシュレス決済を推進するマイナポイント事業を実施しています。これで上限5000円ぶんのポイントをもらえます。

前提となる条件は、マイナンバーカードをつくること。その後、スマートフォンのアプリやセブン銀行のATM、ローソンのマルチコピー機などからマイナポイントの申し込みを行います。指定したキャッシュレス決済で買い物またはチャージの額の25%、上限5000円がポイントなどで還元されるのです。つまり、**2万円ぶん買い物やチャージをすると、5000円が埋蔵金としてついてくる**のです。

キャッシュレス決済は、主にクレジットカード、電子マネー、コード決済（QRコード決済）の3種類があります。それぞれ支払額に対して0・5～1%程度のポイントを獲得できるため、使うだけで得をします。

各決済について見てみましょう。

クレジットカードは説明は不要でしょう。電子マネーは、簡単に言えば、端末にタッチすることで支払う方法です。Ｓｕｉｃａ（スイカ）やセブン－イレブンのｎａｎａｃｏ、楽天Ｅｄｙなどが電子マネーの例です。

そして、埋蔵金発掘のためにもっとも注目なのが、コード決済です。スマートフォンのアプリで表示したバーコードやＱＲコードを店員がスキャンすることで支払う方法。ＣＭで見かけることが多いＰａｙＰａｙや楽天ペイ、コミュニケーションアプリのＬＩＮＥで利用できるＬＩＮＥ Ｐａｙ、携帯電話キャリアが提供するｄ払いやａｕ ＰＡＹなど、多数のサービスが存在します。

それでは、なぜコード決済がもっとも重要な埋蔵金の獲得源になるのでしょうか。それは、各社が利用者の獲得のために、還元キャンペーンに力を入れているからです。

その先駆けになったのが、２０１８年にＰａｙＰａｙが行った「１００億円あげちゃうキャンペーン」。買い物額に対して5万円ぶんを上限に20％のポイントをもらえるというキャンペーンでした。

主な電子マネー・コード決済

電子マネー	Suica、PASMO、WAON、iD、楽天Edy、QUICPay、nanaco
コード決済	PayPay、楽天ペイ、LINE Pay、d払い、au PAY、FamiPay、メルペイ、ゆうちょPay、J-Coin Pay

コード決済の過去のキャンペーン

PayPay	**100億円あげちゃうキャンペーン** 1回あたり5万円ぶんを上限に、買い物額の20%のポイントを還元
au PAY	**たぬきの大恩返し** スーパーマーケットやドラッグストアなどで20%分のポイントを還元。1回上限500ポイント、月上限3000ポイント（～2021年3月22日）
d払い	はじめての支払いをする場合、ポイントを50%増で還元。上限1000ポイント（～2021年3月31日）
LINE Pay	**文京区の商店街を元気に！** 文京区の対象加盟店舗で支払いをすると最大10%還元。上限は店舗によって異なり最大9000ポイント（～2021年3月31日）

たとえば、20万円の冷蔵庫を買うと、4万円ぶんのポイントを獲得して、実質20％オフで買い物をできるというわけです。これには利用者が殺到して、キャンペーンはわずか10日で上限の１００億円に達しました。

２０２１年現在でも各社

はキャンペーンによって利用者の獲得競争を繰り広げています。

たとえば、KDDIのau PAYはスーパーマーケットなどで20%相当のポイントを還元するキャンペーンを実施しました（1回の上限は500ポイント、月3000ポイント）。**うまく買い物をすれば、1万5000円ぶんの食材や日用品を実質1万2000円でできる、まさに〝埋蔵金発掘キャンペーン〟でした。**また、主にファミリーマートで利用できるFamiPayは上限が500円ではありますが半額をポイントバックするキャンペーンを実施。

NTTドコモのd払いも初めて決済で半額ポイントバック（最大1000ポイント）を行いました。コード決済をうまく使いこなせば、大きな埋蔵金の発掘源になることがよくわかるでしょう。

◆利用サービスは絞り込んで

もちろん、注意点もあります。まず気をつけておくのは、還元されるのが「ポイント」であるということ。獲得したポイントは、次回以降の支払いに充当できますが、当然その決済サービスを利用できる店舗に限定されます。

また、お得なキャンペーンをフル活用するために、複数のキャッシュレス決済を利用した場合、ポイントが分散されて獲得したことを忘れてしまう可能性も。ポイントには有効期限がありますので、せっかくもらったポイントが失効しないように管理しなければなりません。ですから、**コード決済を利用するのなら、サービスを絞り込む**のが得策です。

一方で、お金の重みも忘れてはいけません。スマートフォンをかざしたり、コードを提示したりするだけで支払いができるキャッシュレス決済は、お金が減った実感が少なくなります。そのため、ムダ使いをしてしまう恐れも高くなります。**現金で払っていた時以上に、計画的な利用が必要です。**

意外なお宝「ドラッグストアのレシート」

知らなければ捨ててしまう、意外な「お宝予備軍」が、ドラッグストアの領収書。

なぜなら、この領収書で確定申告すれば、払いすぎの税金が戻ってくるかもしれないからです。

サラリーマンでも、確定申告で税金が取り戻せる代表的なものが、「医療費控除」。1年間で使った医療費が10万円を超えると（総所得が200万円未満は総所得金額の5%）、超えたぶんの税金が控除されて戻ってきます。

この医療費控除の対象には、ドラッグストアで買った薬なども含まれます。

この代金を、年間にかかった医療費にプラスして年間10万円以上になれば、医療費控除で払いすぎの税金が戻ってくるということになります。

◆医療費控除は、家族合算できる

医療費控除の医療費は、家族合算で申請できます。

たとえば、おじいちゃんが年間医療費10万円、おばあちゃんが年間医療費8万円、父親が2万円、母親が5万円、子供たちが5万円の、計30万円の医療費がかかったとします。ここから10万円を差し引いた20万円が、医療費控除の対象となります。

この家庭の場合、もし父親の年収が600万円（所得税率10％）なら10万円を超えるぶんの20万円を医療費控除で確定申告すると、**20万円の10％、つまり2万円が戻ってきます。**

家族が一緒に住んでいれば、家族の医療費を合算して確定申告することができますが、それだけでなく、一人暮らしの学生や単身赴任の夫、あるいは別の家で暮らしている親世帯に仕送りしている場合なども生計が同じ家族とみなされ合算できます。

また、（126ページで詳しく紹介）**介護費用なども場合によっては合算される**のでしっかり確認しましょう。

ちなみに、共働き夫婦でそれぞれ税金を納めていても、医療費は合算できるので、税率の高いほうが申告すればよいのです。

◆薬代は「医療費控除」か「セルフメディケーション税制」

10万円を超える医療費がかかっていれば、医療費控除の対象になりますが、実は、10

万円以下でも医療費控除の対象になるケースがあります。

これは、「セルフメディケーション税制」といって、**「スイッチOTC」と呼ばれる市販薬については、購入額が1年で1万2000円を超えたら、超えたぶんを確定申告すれば、税金が戻る**ようになっています。胃腸薬でよく知られている「ガスター10」なども「スイッチOTC」です。

スイッチOTC薬のレシートには☆印などが付いています。

ただし、「セルフメディケーション税制」を選ぶと、従来の医療費控除は受けられません。ですから、レシートはすべて取っておいて、確定申告する前に、「セルフメディケーション税制」で確定申告したほうがトクか、通常の医療費控除で申告したほうがトクかを比べてみましょう。

ちなみに、薬局のレシートは確定申告書には添付する必要はありませんが、お尋ねが来たら見せなくてはいけません。

節約グッズは、意外と早くモトがとれる！

簡単に節約したかったら、節約グッズを使うのも手です。初期投資の費用はかかりますが、すぐにモトが取れます。

たとえば、５０００円前後で購入できる「節水シャワー」。シャワーから出る水の節約になるだけでなく、水量が減ることで水道代やガス代の節約にもなります。シャワーの利用頻度にもよりますが、平均的には半年くらいで買った値段の元が取れ、以降は使い続けることでどんどん節約されます。

節約グッズを節約して買うなら、１００均（１００円均一）のお店に行ってみましょう。

ドアや窓の隙間を埋めるクッションテープがあれば、寒い冬でもがっちり暖かい空気を逃さずにすむので、暖房代の節約になります。もちろん、夏も冷気を逃がしません。

お風呂の保温シートも、100均で十分。フタではなくお湯の上に置くタイプなので邪魔にならず、お湯が冷めにくくなるので追い焚きのガス代が減ります。

カーペット用保温シートも、暖房費用を減らすことができます。

コンセントを抜かなくても待機電力を遮断できるスイッチ式のコンセントも優れものです。

そのほか、パスタがレンジで簡単にできたり、蒸し物が手軽にできたりする調理器具なども、便利なだけでなく節約になります。

シャンプー代を驚くほど減らすポンプ式ボトルなどもありますよ。

携帯電話が、「MY洋服ダンス」に！

普段はしっかり節約しているのに、どこかに買い物に出かけると、ついつい衝動的に無駄遣いして、家に帰ってきて後悔するという人も多いようです。

特に、「安い！」とお気に入りのタートルネックのセーターを衝動買いし、家に帰って洋服ダンスを開けて見たら、同じようなセーターが何枚もあったなどという経験のある方は多いことでしょう。

そういう方は、携帯電話についている写真機能を使いましょう。

まず、洋服ダンスの中のものを「セーター」「ズボン」「ブラウス」……と、カテゴリー別に分けましょう。そうして、携帯電話でカテゴリー別に写真を撮っておく。

こうしておくと、どこかの店に入って、気に入った洋服があっても、写真を見て同じようなものを持っていたら、やっぱり買うのはやめようと思い、衝動買い防止になります。

タンスに入る洋服には限りがありますから、**1枚買ったら1枚捨てるというルールに**しておくのもいい。その際にも、写真を見ながらどれを捨てるか決めてから、新しいものを買う。そうすると、捨てるのがもったいなくなって「買わなくてもいいか」ということになるかも。

ちなみに、洋服を1枚買ったら、買った洋服の写真は追加し、捨てる洋服の写真は消すようにしましょう。

そうすれば、タンスの中に何が入っているのかを常に写真で把握できます。

「ここ掘れワンワン！」で年間3万円

新型コロナで、家庭で料理をすることも多くなったと思います。

ちょっと使いたいけれど、買うと高いハーブ類。こうしたものは、家庭で栽培しましょう。カップ麺の空き容器の下に穴をあけ、水の受け皿を付ければ、鉢がわりになって気軽に栽培できます。

本格的に野菜づくりをしたいという人は、近くに市民農園がないかチェックしてみましょう。

農家が高齢化し、耕すことが難しくなった土地が、市民農園として貸し出されているからです。しかも、特定農地貸付法の改正で、農地を所有している人だけでなく、NPO法人や企業などの農地を所有していない人でも、市民農園を開設できるようになりました。

さらに、2018年には、都市にある農地の有効活用を目的とした都市農地賃借法（都市農地の貸借の円滑化に関する法律）で、市民農園開設のための農地が借りやすい仕組みもできています。

利用料は、場所によって違いますが、私の知人が借りている東京都練馬区の市民農園は、種代、肥料代、用具代、指導料まで含まれて**年間3万円ほど。これで、年間6万円分くらいの野菜ができる**そうです。

市民農園の所在地や連絡先は、農林水産省のホームページの「全国市民農園リスト」にあるので、最寄りの農園をチェックしましょう。

書き損じたハガキや切手で、他人を助ける

みなさんは、「書き損じたハガキ」などは、捨ててしまっていませんか。
実は、この「書き損じたハガキ」が、人を助ける役に立つ、「埋蔵金」に大変身します。

世界に平和をもたらすのに欠かせないのが「教育」。世界中の人たちの協力を得て、その「教育」を少しでも多くの人が受けられるように尽力しているのが、日本ユネスコ協会連盟です。

ここでは、さまざまな支援を求めていますが、その1つに「書き損じたハガキ」での

支援があります。

「住所を書き間違えてしまった」とか「古くて使えなくなってしまった」といったハガキは、郵便局に持って行けば、63円のハガキなら、5円出せば新しいハガキと取り替えてくれますが、ユニセフに寄付すれば、**ハガキは1枚につき51円の寄付をしたことになる**のです。

こうしたハガキ11枚で、カンボジアでは、1人の子供がひと月学校に通えるのだそうです。

◆切手、図書券、外国コインも

書き損じのハガキだけでなく、「未使用の切手」「クレジットカードや各種ポイントカードのポイント」「商品券・図書券・プリペイドカード」なども、寄付することができます。

さらに、日本では交換できないような外国コインを、ユニセフ募金として寄付することもできます。

すでに受付期間は終了していますが、ANAマイレージクラブの会員なら、貯まっているマイレージで寄付することもできて、約500万マイルの寄付が集まりました。

◆盲導犬協会や点字図書館でも

「書き損じのハガキ」が寄付できるのは、ユニセフばかりではありません。

日本盲導犬協会では、最寄りの訓練センターに寄付した「書き損じたハガキ」を切手と交換し、通信手段に使っています。

また、同協会では、使用しなくなった携帯電話を送ると、レアメタル（希少金属）やプラスチックなどに分解・分別し、その売却益を活動費に当てています。

お中元やお歳暮でたくさんもらって使用しない洗剤などの寄付も歓迎しています。訓練所には、たくさんの訓練犬が生活しているので、犬たちがシャンプー後に使うタオルなどを洗濯するからです。

日本点字図書館でも、「書き損じのハガキ」のほかに、不要になったCDやDVDの寄付を求めています。

市販のCDやDVDは、買取業者に売却し、日本点字図書館の運営費として使われます。

CDやDVDのほかにも、本・漫画をはじめとした家庭に眠る不用品があったら、寄付に使えるプログラムを用意しています。

なんでも売れる「メルカリ」で、売ってはいけないもの

なんでも売れるのが「メルカリ」などのネットオークションです。

トイレットペーパーの芯、コカコーラの瓶、壊れたゲーム機、書きかけのメモ帳、ボロボロのブーツ、牛乳瓶のフタなど、何でこんな物がと思うようなものが売れるから不思議です。

ただ、その一方で気をつけなくてはいけないのが、出品が禁止されているものも多いこと。

たとえば、コロナが蔓延している中、個人が製作した衛生マスクや手指消毒液、ハン

ドソープ、体温計、除菌シート・スプレーなどは、出品できません。

また、商標権や著作権など知的財産権を侵害する恐れのある偽ブランドの商品なども、確認された場合には取引キャンセルとなる可能性があります。

殺傷能力がある武器や、花火、火薬、灯油、ガソリンといった扱いが難しい商品。農薬や肥料なども出品できません。

さらに、たばこは、国産でも外国産でも出品できません。海外からお土産にもらったものなどもNG。ニコチンを含有する電子たばこなども出品できません。

チケット類や現金、金券類、カード類も出品できません。以前、福沢諭吉が印刷された当時流通していた1万円札が出品されたことがありましたが、すぐに削除されました。

出品禁止は、「メルカリ」に限ったものではありません。そのサイトごとの判断で、各サイトごとに出品禁止商品があるので、詳しくは事務局に問い合わせてみるといいでしょう。

Suicaは、10年使わなければ失効する?!

「電子マネー」とか「ポイント」と言われても、よくわからないから使っていないと言う人も意外と多いようです。

ただ、そういう人でも気楽に使っているのがSuica。特に、電車に乗ったり買い物をしても、支払いが〝ピッ!〟で終わるので便利だからです。

Suicaには、あらかじめお金をチャージして使うタイプと自動チャージされるタイプがありますが、金銭感覚がゆるい人は、自動チャージだと買い物しすぎてしまうので、いちいちチャージするようにしたほうがいいかもしれません。

◆残高は保証されているが

実は、このＳｕｉｃａですが、半年間未使用だと一時的にロックがかかって使えなくなってしまう可能性があります。

また、最後に使った日から10年間使わないと、有効期限そのものが切れてしまいます。

有効期限が切れても、残高があればそれについては保証されていますが、ただ、そのままでは使うことはできません。

この残高を生かそうと思ったら、解約して払い戻しをするか、カードを再発行してもらうしかありません。その際、払い戻しには２２０円、再発行なら５２０円の手数料がかかります。再発行にともなうデポジットの５００円は、有効期限が切れたカードのデポジット５００円を返してもらうことで充当されます。

2万円にもなるコインをさがせ

家の中のあちらこちらに、使わないままで、放りっぱなしの小銭。

もしかしたら、こうした小銭の中に、意外な「埋蔵金」が埋もれているかもしれません。

特に値段が高いのが、平成23年、24年、25年、29年、30年に製造された1円玉で、**1枚3000円前後のプレミアム付きで取引されている**ものもあります。

なぜ、最近の硬貨なのに、こんなに高い値段がついているのかといえば、キャッシュレス化の影響でお釣りの必要度合いが減ったために発行枚数が少なくなったからだと言われています。

ちなみに、平成22〜25年発行の5円玉や、同じ時期に発行された50円玉にも、3000円前後で取引されているものがあるので、財布の中にあったら取り分けておいたほうがいいでしょう。

昭和にさかのぼると、昭和61年から62年に発行された10円玉、50円玉、500円玉の中には、2000円から2万円の価値があるものもあります。

硬貨は1年に数千万〜数億枚製造されていますが、昭和62年の50円玉は77万枚しか製造されていなくてほとんど流通してないので、かなりのお宝。

さらに、昭和32年の5円玉の中には、通常「ゴシック体」で書かれている「五円」の文字が「楷書体」になっているため50倍の値段がついたものもあります。

他にも、**穴のずれた50円玉が、5000円から1万円で取引されていたり、製造番号「000001」の1000円札が2万円前後で取引されていたり**と色々あるので、チェックしてみるといいでしょう。

Came out in plenty.

第5章

生きてるだけでザクザク

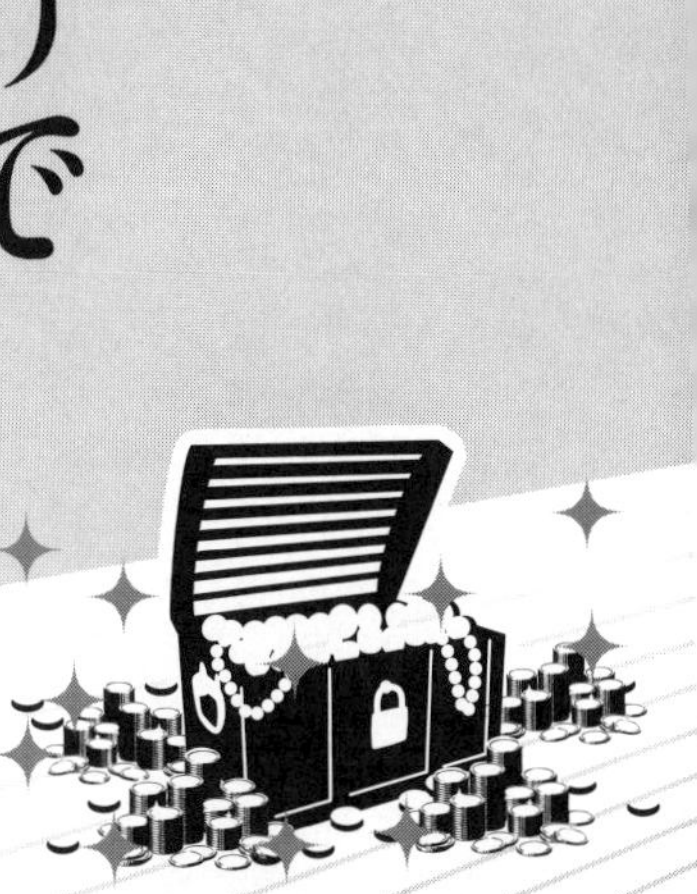

「雇用延長」で働くなら、退職は65歳の1ヶ月前に

今まで、会社にお勤めの方は、本人が望めば65歳までは雇われることになっていました（高年齢者雇用安定法）。

この法律が改正されて、２０２１年4月からは、本人が望めば、70歳まで働き続けることが可能になります。

正確に言えば、65歳まではどんな企業でも、本人から申し出があったら雇用する義務があります。さらに、65歳から70歳については、「努力義務」となっていますから、必ずしも70歳まで雇用されるということではありません。

また、「雇用延長」については、給料面では、それまでどおりの給料が支払われると

いう会社はほとんどなく、それなりに給与ダウンすることは覚悟しておく必要があるでしょう。

ですから、70歳までは働ける企業も出てきますが、多くの方は65歳まで働いて退職し、その後に年金をもらって年金生活に入るというパターンになるのではないかと思います。

◆「失業手当」を長くもらえる

もし、65歳まで働いて退職するつもりなら、65歳になる1ヶ月前に辞めたほうが、手取り金額が増えるかもしれません。

なぜなら、65歳になる1ヶ月前に辞めると、「失業手当」と「老後年金」の両方を手にすることができるからです。

失業手当は、**65歳未満なら会社を自己都合で辞めた時に、次の仕事につくまで90日から150日のあいだ一定額をもらえますが**、65歳を過ぎると高年齢求職者給付金という名前になって、一時金で30日から50日の手当をもらうことになります。比べると、65歳の誕生日を迎える前に失業手当としてもらったほうが、有利になるのです。

◆退職金が減額にならないか注意

では、64歳で辞めて失業手当をもらうというのはどうでしょう。

実は、人によっては60歳から65歳までの間にもらえる特別支給の老齢厚生年金の一部もしくは全部がもらえなくなる可能性があります。雇用保険と65歳未満にもらう特別支給の老齢厚生年金は、同時にもらうことができないようになっているからです。

特別支給の老齢厚生年金は、男性なら1961（昭和36）年4月2日以降、女性なら1966（昭和41）年4月2日以降生まれの人から65歳支給になりますが、その前に生まれている人の場合には、年齢によって差はありますが受け取ることができます。

65歳前に辞めたら、失業保険か年金かの選択をしなくてはならず、65歳で辞めたら失業給付が減るのなら、**65歳の誕生日まで1ヶ月を切ったところまで働いて特別支給の老齢厚生年金をもらい、その足でハローワークに行って失業保険申請の手続きをする。**

65歳の誕生日の2日前までは64歳ということですから失業手当はしっかりもらえます。

また、65歳の誕生日の前1ヶ月以内なら、一旦受け取った年金の返還請求をされることはありません。

ただし、会社によって、65歳定年の直前に辞めたら、退職金を減額されてしまうケースもあるので、そこは前もってしっかり確認しておきましょう。

昔取った杵柄で、自宅で月数万円の収入を得る！

家計を改善するために、もっとも有効なのはやはり収入を増やすことです。普段、仕事をしている人なら副業としてアルバイトをしてみたり、年金生活者ならシルバーセンターに登録してみたり。でも、サラリーマンやリタイア組のなかには、決まった時間に決まった長さだけ働くシフト制労働をしんどいと感じる人もいるかもしれません。

そんな人におすすめなのが、クラウドソーシングです。これは、仕事の発注者と受注者をオンラインで結びつける仲介サービスのこと。

仕事の分野は、ウェブサイトの制作や翻訳などの本格的な業務からアンケートの回答などの気軽なものまで多彩。そのなかでも初めての人におすすめなのが記事作成です。

発注者が提示したテーマに沿って、1000〜3000文字の記事を書くことで、目安としては1記事あたり500〜6000円程度の収入を得ることができます。さらに、本業の知識を生かして、専門的な記事を手掛けることができるようになれば、単価はぐっとアップ。**1記事あたり1万〜5万円の報酬をもらえます。**自宅で気軽にコツコツ働くことで、月数万から十数万円の副収入という埋蔵金が手に入るのです。

さらに、プログラミングなどの専門技術がある人なら、クラウドソーシングからの受注だけで月間数十万円もの仕事を受注することが可能です。業務量を自分でコントロールできるので、さほどストレスなく仕事をすることができるでしょう。

クラウドソーシングの大手は、クラウドワークスとランサーズの2社です。どちらも長年の運営実績のあるサイトです。登録や利用料金は無料。業務報酬の付与の際に、利用手数料が差し引かれるので、こちらから持ち出し金がないのも安全です。

退職金は、一時金でもらうのがおトク

定年退職が間近だったり、早期退職するという方もおられることでしょう。

会社を辞める時に、会社によっては、退職金のもらい方を選べます。

退職金のもらい方は「一時金でもらう」「一時金と（月々の）企業年金でもらう」「企業年金でもらう」の3つのパターンに大別されます。

では、どういうもらい方が、一番おトクになるのでしょうか。

たぶん、**普通に勤めてそこそこの退職金をもらうという人は、一時金でもらうのがおトク**でしょう。なぜなら、20年以上会社にお勤めだった方は、退職控除がかなりあるので、ほとんど税金を払わなくてすみます。

退職控除は、800万円＋（勤続年数－20年）×70万円。

たとえば、40年勤めた方なら、2200万円を控除されます（20年以内だと×40万円）。

ですから、多くの方はこの控除の範囲に入って、無税で済むのではないでしょうか。

では、企業年金でもらうとどうでしょうか。

年金でもらう場合には、65歳以上では110万円の公的年金控除が使えます。基礎年金の48万円と合わせたら、158万円の控除になります。

ただ、公的年金に企業年金をプラスすると、軽く200万円を超えてしまう人が多く、そうなると所得税がかかります。「一時金」でもらうほうがよかったということになるかもしれません。

株主優待で定期的に埋蔵金が湧く

ｉＤｅＣｏやＮＩＳＡなどの制度が政府によって設けられたこともあり、近年になってすっかり「貯蓄から投資へ」の流れが加速しています。市況も活況で、２０２１年の１月には、コロナ禍にもかかわらず日経平均株価がバブル崩壊以降の最高値を更新するなど、株式市場に期待が集まっている状況です。

そんな時勢を受けて、今まで投資をしたことがないけれど、資産を増やしたい、物価の上昇による資産の目減りへの対策をしたいなどの理由から、株式投資を始めようと考えている人もいるでしょう。

株主優待の一例

キユーピー	権利確定月：11月／株数100株以上
1000円相当自社グループ商品詰合せ（マヨネーズ・ドレッシングなど）。 500株以上の保有者には3000円相当。 6ヶ月以上の保有が条件。長期保有でさらなる優遇あり。	
オリエンタルランド	権利確定月：3月・9月／株数100株以上
「東京ディズニーランド」または「東京ディズニーシー」 いずれかのパークで利用可能なワンデーパスポート。 株数に応じて年間最大12枚。	
タカラトミー	権利確定月：3月・9月／株数100株以上
自社オンラインショッピングサイトでの購入割引券10% （株数・保有期間に応じて最大40%）。 自社製品（3月）。	
日本マクドナルドホールディングス	権利確定月：6月・12月／株数100株以上
バーガー類、サイドメニュー、飲物、 3種類の商品の無料引換券が1枚になったシート6枚。 株数に応じて最大5冊。	

どうせ株式投資をするのならば、持っているだけで埋蔵金を生み出してくれる「株主優待」のある企業の株を買ってみてはどうでしょうか。

株主優待とは、投資家がすぐに株を買ったり売ったりしない、安定的な株主になってもらうために行っているサービスです。自社製品の詰め合わせやサービス、金券など、株主優待の内容は企業によって異なります。

たとえば、キユーピーはマヨネーズなどの自社製品の詰め合わせを提供していますし、オリエンタルランドなら東京ディズニーランドまたは東京ディズニーシーで利用できるワンデーパスポートをもらえます。また、オリックスは、好きな商品が選べるカタログギフトの株主優待で人気の銘柄ですし、玩具メーカーのタカラトミーではオリジナル仕様の自社製品を提供しています。

日々の暮らしに役立つ日用品や食料品から、心を豊かにするオモチャまで、バラエティー豊かな「埋蔵金」を探しながら、投資先を選べるのが株主優待投資の魅力です。

もちろん、実利もあります。**優待品を買った場合の金額と株価を比較すると、年利で5%以上に相当する株主優待を配布する企業も少なくありません。**

ただ、何十万円もの株を買って、せいぜい千円程度の優待というところも多いので、株主優待狙いで株を買うのではなく、あくまで株を買った時のプラスアルファと考えたほうがいいでしょう。

株を持っていると、営業によって生まれた利益を株主に還元する配当金をもらえる企業もあります。これも、埋蔵金となります。配当金の利回りは企業によって異なりますが、銀行や商社、通信会社などは、株価が低くなっているので相対的に上がっています。

もちろん、株式投資にはリスクがあります。もっとも代表的なリスクが「値下がりリスク」です。文字どおり、株を買ったときよりも、株価が下がってしまうリスクです。発生した損失は自己責任であり、それは誰も補償してくれません。その原資が最低限の生活の資金であったり、子供の学費であったりしたら、目も当てられません。ですから、株に投資するなら失っても生活には影響のない余裕資金で行いましょう。

株価は、日々変化するため、株式投資の初心者は、その値動きに一喜一憂しがちです。しかし、安定した埋蔵金となる株主優待と配当をよりどころとすることで、安心して株式投資に臨めるのではないでしょうか。

還元率が一番高いギャンブルはナニ?

一攫千金を求めて、ギャンブルをしようという人もいることでしょう。

最も多くの人が投資しているのが「宝くじ」。毎回、「よく当たる」と言われる宝くじ売り場の前には、長蛇の列ができます。

ただ、「宝くじ」というのは、ギャンブルとして考えると、還元率はそれほど良くないのです。「宝くじ公式サイト」を見ると、みんなが「宝くじ」の購入で支払ったお金の中から、当選金として支払われるのは46・8%。払ったお金の半分以上は、賞金以外のものに使われています。

ギャンブルの還元率は、オートレースが70%、競輪・ボートレースが75%、競馬が70〜80%、パチンコ・パチスロは80〜85%と言われています。

さらに、話題になっているカジノの還元率は、約92%と、公営ギャンブルでは一番高くなっています。

これを超えるのが、今、世界中で人気のオンラインカジノで、なんと還元率は、約96%。ただし、日本では、まだオンラインカジノに関して法整備されていないために、違法か合法かがあいまいです。

宝くじの売上は半分も支払われない

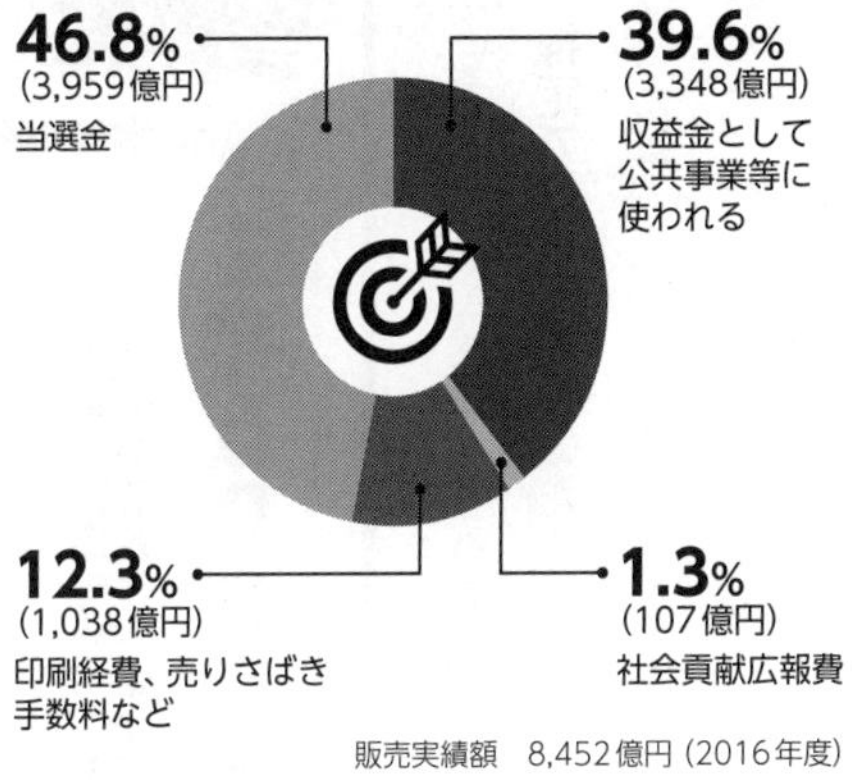

家庭に眠るジュエリーは、3兆6000億円

ちょっと古い話ですが、日経新聞によると、バブル期に**日本で購入されたダイヤモンドは、推定で約3兆円**なのだそうです。

そう言えば、当時「ダイヤモンドは永遠の輝き」とか言って、プロポーズするときには、みんな、給料の3ヶ月ぶんはするダイヤモンドを買っていました。

その後、日本の高品質なダイヤに目をつけた海外のバイヤーが日本国内でダイヤを買って、より高く売れる海外に持っていったことで埋蔵量は減っているようです。

ただ、ご自宅に眠っているのは、ダイヤだけではありません。チェーンが切れてしまった喜平の18金のネックレスやルビーの指輪など、様々なものが使われないままに眠っている可能性があります。

実は、こうした眠っているお宝をターゲットにした「買取詐欺」が横行しています。

◆多少の汚れは大丈夫！

貴金属の買取については、信頼できる業者も多いですが、訪問販売で訪ねてくる業者の中には、「買取詐欺」と言ってもいいような業者もいます。

典型的な手口は、家を訪問して「今が売り時」「早く売らないと大損しますよ」といったセールストークで、考える間も与えずにその場で貴金属を買い取っていってしまうケース。しかも、買い取るときに、「汚れているのでクリーニング代がかかる」「留め金が壊れているので修理代がかかる」などと欠点を並べ立て、そのぶん価格を値切って買うというものです。

まるで、不要品回収のような雰囲気ですが、実は、貴金属は、多少汚れていても口金が壊れていても、それだけで二束三文になるということはありません。

たとえば「金」の場合、火事で焼けてドロドロに溶けてしまっていても、「金」である以上は、世界共通の価格があります。

ちなみに、2020年11月の海外の「金」価格の最高値は、1トロイオンス1940・80ドル。1トロイオンスというのは約31グラムですから、**溶けていても変形していても、「金」である以上は、1グラムあったら約60ドル（6000円強）で売れる**ということです。

◆その場では売らないこと

「金」は、世界中どこでも、1トロイオンス○○ドルという、その時々の時価で取引されています。日本で金を売る場合には、このドル建ての金価格を円に直して引き取ってくれます。

実は、「貴金属テスター」という、貴金属が本物かどうか判定する機械があります。この「貴金属テスター」を持ち出し、反応しないのをいいことに、「これ、本物に見えますが偽物ですよ」と安く買い叩く悪質な業者もいます。もちろん、これは偽物の「貴金属テスター」です。

こうした詐欺に遭わないためには、訪問販売でやってきた業者にはその場で貴金属を売らないことにすべきです。もし売るなら、名刺をもらって改めて店を訪ね、様子を見てからにすること。また、古物品の売買には「古物商許可証」が必要ですが、これを持っているかもしっかりチェックしましょう。

もし、不審な業者に、大切な貴金属を安く買い取られてしまったと思ったら、すぐに警察へ。8日以内なら、クーリングオフも活用できます。

家庭内の「埋蔵金」を贈与扱いにする

人知れず、家庭内にある埋蔵金といえば、「へそくり」。

「へそくり」も、少額ならば問題ありませんが、まとまった額になると、税金がかかってくる場合があります。

たとえば、専業主婦の奥さんが、長いあいだコツコツと「へそくり」をして1000万円貯めたとしましょう。

このお金で、長年の夢だった料理教室を開くために、店を借り、調理道具を揃え、生徒を募集したとします。そうすると、税務署から、「開業のためのお金は、誰からもらったのですか」というお尋ねがくる可能性があります。

その時に、「主人に内緒でコツコツと貯めたへそくりです」と言っても、ならばいいですよとは言ってくれない可能性があります。なぜなら、コツコツ貯めたといっても、元はご主人が稼いだお金。ですから、「これは、ご主人からの1000万円の贈与ですね」と言われてしまう可能性があります。

この1000万円が贈与ということになると、なんと231万円もの贈与税を払わなくてはならなくなってしまうかもしれません。

もし、自分の名義で堂々と料理教室を開きたいなら、この料理教室に、ご主人が出資したというかたちにしましょう。**年間110万円まで贈与税が無税になる枠を使い、ご主人から毎年110万円を贈与してもらうというかたちにする**といいでしょう。

たかが「へそくり」と、侮ってはいけません。

マニアがいれば、なんでも「埋蔵金」に

この世にマニアがいる限り、なんでも「埋蔵金」になる！

古いタンスを整理していたら、意外な「お宝」収集品が見つかるケースも。

たとえば、日本で最高値と思われる切手は、明治8年に発行された、「六銭」と書かれている「桜切手カナ入り（ヨ）」。卵型のデザインなので、マニアの間では「タマ六のヨ」などと呼ばれているようです。

超レア切手で、現存しているもので無傷なのは一枚しかないようですが、これがなんと、一時は3000万円もしました。

こんなレアものでなくても、切手収集家なら、1948年に発売された浮世絵師の菱川師宣の「見返り美人」や、1949年に発売された歌川広重の「月に雁」というのは、名前を聞いただけでもソワソワしてしまう「お宝」。

また、メルカリを見ていると、トイレットペーパーの芯からペットボトルのキャップまで、なんでも売られていて、感心してしまいます。

たとえば、「Yahoo!官公庁オークション」を見ると、台座付きの神輿（11万9000円）から、お寺の半鐘（4万円）まで、珍しいものが売られていて、私が一番驚いたのは、実物の「消防自動車」がかなりの数、売られていたこと。

価格やタイプもいろいろとあって、安いものは14万円から、高いものは155万6000円でした。どちらも、すでに締め切られていますが、かなり本格的な「消防自動車」の155万6000円のものは、なんと入札数が42件にもなっていました。

◆「消防自動車」でのデートは、火を消すどころか燃えあがる!?

個人的に、消防車を普通の道路で一般の人が走らせることができるのか疑問に思い、消防庁に問い合わせてみました。

すると、赤色蛍光灯やサイレン、無線機など、緊急車両としての消防車の機能がついたままだと一般の道路を走らせることはできないが、こうしたものを外せば、自家用車として走らせることは可能とのこと。

ちなみに、同じサイトで、ちょっと破れてススの汚れがついたリアルな消防衣やヘルメット、消防安全ベルトとロープなども売られていました。

同じ趣味の恋人同士なら、これでドライブしたら、けっこう楽しいかも。

ちなみに、2004年より、Yahoo!と東京都が共同して、都税の滞納者から差し押さえた自動車や宝飾品を、インターネット公売しています。

ちなみに、私が見た時には、品質と走りに定評があるトヨタレクサスGS350が、なんと17万6000円で出品されていました。


ネットオークションでも、じつにさまざまなものが出品されています。画面の割れたスマホ、昔の電化製品のリモコン、古着まとめて100枚、使いかけの化粧品――なんでもお金になるといっても過言ではありません。

ただ、ネットオークションでは、過去に詐欺もいろいろあったので、利用するならしっかり確認しましょう。

以前は日本に、ペニーオークションというネットオークションサイトがありましたが、詐欺事件が発覚したり虚偽の記述があったりとトラブルが発生し、2013年にはいくつかあったサイトがすべて閉鎖されるという事件も起きています。

掘り起こせ！
眠っている「夫婦仲」という「埋蔵金」

私は、夫婦仲の良さこそが、家庭の最大の「埋蔵金」だと思っています。

夫婦仲が良ければ、話し合って家計をどうしようか決めていけます。また、家計管理を2人ですれば、相互の目があるので、無駄金を使うことができなくなり、出費に気をつけるようになるでしょう。

さらに、相手が知らない間に株やＦＸで大損しているということが防げるので、危機的状況に陥らなくても済むかもしれません。

ただ、「夫婦仲」というのは、ほとんどのご家庭では、地中深く埋まっていて、掘り起こさなくては手に入らない、まさに「埋蔵金」！

手にするまでに、かなりの努力が必要になります。

では、どうすれば手にできるのか。

◆年金を「離婚分割」したら、夫婦共倒れになる！

「熟年離婚」という言葉があります。

長年連れ添った夫婦が離婚することですが、今は、離婚すると、「合意分割制度」「3号分割制度」を使って、双方の合意または裁判手続きを経れば、年金を2人で分けることができます。離婚後でも、離婚した日の翌日から2年以内なら、相手に請求することができます。

分割の対象となるのは、会社員や公務員の厚生年金部分です（2015年9月30日までの公務員の対象者は、共済年金部分）。

奥さんが専業主婦のご家庭の場合、夫の年金が15万円前後、妻の年金が5万円ですから、２人合わせて20万円前後の年金になりますが、イメージとしては、これを10万円ずつに分けるという感じでしょう。

ただ、２人で20万円ならなんとかやっていけても、10万円ずつでそれぞれ一人暮らしをしていくというのは、よほどの蓄えがないとかなり大変でしょう。

特に専業主婦だった女性の場合には、働きに出るのにも慣れていないし、高齢者になると、働きたくても仕事が限られてきます。

では、逆に夫婦仲がいいと、どうなるのでしょうか。

◆お互いに、「ありがとう」の気持ちを持つ

夫婦仲が良ければ、一緒に食事をし、一緒に買い物に行き、一緒に旅行する。一部屋で、それぞれが好きなことをしていても気にならない関係なら、冷房費も暖房費もたいしてかからない。

共通の趣味があればなお良くて、趣味の話に花が咲く。

なんだか、幸せな老後のイメージがあります。


では、「仲良し夫婦」になるには、どうすればいいのか。

まず、第一に「会話が大切」というのは、万人が指摘することです。

明治安田生命が毎年実施している「いい夫婦の日」に関するアンケート調査によると、夫婦円満のカギは、会話の「時間」と「内容」なのだそうです。

「円満である夫婦」の会話時間は、平日で平均146分、休日で273分。内容は、「子供のこと」はもちろんですが、「テレビなどのニュース」や「休日の予定」「夫婦のこと」など。

ちなみに、配偶者から言われたい一言は「ありがとう」という感謝の言葉。常に「ありがとう」の気持ちを忘れず、会話を増やしていくのが良さそうです。

荻原博子 おぎわら・ひろこ
1954年、長野県生まれ。経済事務所に勤務後、82年にフリーの経済ジャーナリストとして独立。難しい経済と複雑なお金の仕組みを、生活に根ざしてわかりやすく解説することに定評がある。著書に『隠れ貧困』『「郵便局」が破綻する』(朝日新書)、『10年後破綻する人、幸福な人』『投資なんか、おやめなさい』(新潮新書)、『年金だけでも暮らせます』『保険ぎらい』(PHP新書)、『最強の相続』(文春新書)など多数。テレビ出演や雑誌連載も多い。

朝日新書
810

あなたのウチの埋蔵金《まいぞうきん》

リスクとストレスなく副収入を得る

2021年3月30日第1刷発行

著　者　荻原博子

発行者　三宮博信
カバーデザイン　アンスガー・フォルマー　田嶋佳子
印刷所　凸版印刷株式会社
発行所　朝日新聞出版
〒104-8011　東京都中央区築地5-3-2
電話　03-5541-8832(編集)
　　　03-5540-7793(販売)
©2021 Ogiwara Hiroko
Published in Japan by Asahi Shimbun Publications Inc.
ISBN 978-4-02-295116-8
定価はカバーに表示してあります。
落丁・乱丁の場合は弊社業務部(電話03-5540-7800)へご連絡ください。
送料弊社負担にてお取り替えいたします。

疫病と人類
新しい感染症の時代をどう生きるか

山本太郎

新型インフルエンザ、SARS、MERS、今回のコロナウイルス……近年加速度的に出現する感染症は、人類に何を問うているのか。そして、過去の感染症は社会にどのような変化をもたらしたのか。人類と感染症の関係を文明論的見地から考える。

教員という仕事
なぜ「ブラック化」したのか

朝比奈なを

日本の教員の労働時間は世界一長い。また、教員間のいじめが起きたりコロナ禍での対応に忙殺されたりと、労働環境が年々過酷になっている。現職の教員のインタビューを通し、現状と課題を浮き彫りにし、教育行政、教育改革の問題分析も論じる。

ルポ トラックドライバー

刈屋大輔

宅配便の多くは送料無料で迅速に確実に届く。だが、IoTの進展でネット通販は大膨張し、荷物を運ぶトラックドライバーの労働実態は厳しくなる一方だ。物流ジャーナリストの著者が長期にわたり運転手に同乗取材し、知られざる現場を克明に描く。

坂本龍馬と高杉晋作
「幕末志士」の実像と虚像

一坂太郎

幕末・明治維新に活躍した人物の中でも人気ツートップの坂本龍馬と高杉晋作。生い立ちも志向も行動様式も異なる二人のキャラクターを著者が三十余年にわたり蒐集した史料を基に比較し、彼らを軸に維新の礎を築いた志士群像の正体に迫る。

朝日新書

いまこそ「社会主義」
混迷する世界を読み解く補助線

池上　彰
的場昭弘

コロナ禍で待ったなしの「新しい社会」を考える。ベーシックインカム、地域通貨、社会的共通資本——かつて資本主義の矛盾に挑んだ「社会主義」の視点から、いまを読み解き、世界の未来を展望する。格差、貧困、マイナス成長……資本主義の限界を突破せよ。

アパレルの終焉と再生

小島健輔

倒産・撤退・リストラ……。産業構造や消費者の変化で苦境にあったアパレル業界は、新型コロナが息の根を止めた。このまま消えゆくのか、それとも復活するのか。ファッションマーケティングの第一人者が、詳細にリポートし分析する。

でたらめの科学
サイコロから量子コンピューターまで

勝田敏彦

「でたらめ」の数列「乱数」は規則性がなく、まとめられないことにこそ価値がある。サイコロや銅銭投げにはじまり今やインターネットのゲーム、コロナ治療薬開発、量子暗号などにも使われる最新技術だ。この優れものの知られざる正体に迫り、可能性を探る科学ルポ。

不思議な島旅
千年残したい日本の離島の風景

清水浩史

小さな島は大人の学校だ。消えゆく風習、失われた暮らし、最後の一人となった島民の思い——大反響書籍『秘島図鑑』（河出書房新社）の著者が日本全国の離島をたずね、利他的精神、死者とともに生きる知恵など、失われた幸せの原風景を発見する。

朝日新書

絶対はずさない おうち飲みワイン
山本昭彦

ソムリエは絶対教えてくれない「お家飲みワイン」の極意。ワインは飲み残しの2日目が美味いなどの新常識で、ワイン選びに迷わず、自分の言葉でワインが語れ、ワイン会を主宰できるまでの5ステップ。読めばワイン通に。お勧めワインリスト付き。

女系天皇
天皇系譜の源流
工藤 隆

これまで男系皇位継承に断絶がなかったとの主張は、明治政府の創出だった！『古事記』『日本書紀』の天皇系譜に加え、考古学資料、文化人類学の視点から母系社会系譜の調査資料をひもときながら、日本古代における族長位継承の源流に迫る！

陰謀の日本近現代史
保阪正康

必敗の対米開戦を決定づけた「空白の一日」、ルーズベルトが日本に仕掛けた「罠」、大杉栄殺害の真犯人、瀬島龍三が握りつぶした極秘電報の中身――。歴史は陰謀に満ちている。あの戦争を中心に、明治以降の重大事件の裏面を検証し、真実を明らかに。

20歳若返る食物繊維
免疫力がアップする！ 健康革命
小林弘幸

新型コロナにも負けず若々しく生きるためには、免疫力アップが何より大事。「腸活」の名医が自ら実践する「食べる万能薬」食物繊維の正しい摂取で、腸内と自律神経が整い、免疫力が上がる。高血糖、高血圧、肥満なども改善。レシピも紹介。

分極社会アメリカ
2020年米国大統領選を追って
朝日新聞取材班

バイデンが大統領となり、米国は融和と国際協調に転じるが、トランプが退場しても「分極」化した社会の修復は困難だ。取材班が1年以上に亘り大統領選を取材し、その経緯と有権者の肉声を伝え、民主主義の試練と対峙する米国の最前線をリポート。

朝日新書

新版 財務3表一体理解法
國貞克則
シリーズ累計80万部突破、会計学習の「定番教科書」を再改訂。取引ごとに財務3表をつくる「会計ドリル」はそのままに、初学者を意識して会計の基本から読み解き方まで基礎重視の構成に再編成。読みやすさもアップ、全ビジネスパーソン必読！

新版 財務3表一体理解法 発展編
國貞克則
会計学習の定番教科書に『発展編』が新登場！『一体理解法』『図解分析法』の旧版から応用テーマを集めて再編成。会計ドリルを使った新会計基準の仕組み解説や「純資産の部」の徹底解明など、「一歩上」を目指すビジネスパーソンに最適！

新版 財務3表図解分析法
國貞克則
累計80万部突破、財務3表シリーズの『図解分析法』を改定。貸借対照表（BS）と損益計算書（PL）を1枚の図にして、同じ業界の同規模2社を比べれば経営のすべてが見えてくる！独自のキャッシュフロー（CS）分析で経営戦略も解明。

人を救えない国
安倍・菅政権で失われた経済を取り戻す
金子　勝
コロナ対策で、その脆弱さを露呈した日本財政。雪だるま式に膨れ上がった借金体質からの脱却、行き過ぎた新自由主義的政策・変質した資本主義からの転換、産業構造改革の必要性を説く著者が、未来に向けた経済政策の在り方を考える。

パンデミック以後
米中激突と日本の最終選択
エマニュエル・トッド
新型コロナは国家の衝突と分断を決定的なものにした。社会格差と宗教対立も深刻で、トランプ退場後もグローバルな地殻変動は続き、中国の覇権も勢いづく。日本はこの危機とどう向き合えばよいか。人類の大転換を現代最高の知性が読み解く。

朝日新書

京大式 へんな生き物の授業

神川龍馬

微生物の生存戦略は、かくもカオスだった！ 光合成をやめて寄生虫になった者、細胞から武器を発射する者……。ヘンなやつら、ズルいやつらのオンパレードだ。京大の新進気鋭の研究者が、偶然の進化に満ちたミクロの世界へご案内。ノープランとムダが生物にとっていかに大切かを説く。

正義の政治経済学

水野和夫
古川元久

コロナ禍から1年。いまこそ資本主義、民主主義の新世紀が始まる。コロナバブルはどうなる？ 定常社会の実現はどうなる？ 「正義がなければ、王国も盗賊団と変わらない」。アウグスティヌスの教訓と共に具体的なビジョンを掲げる経済学者と政治家の「脱・成長教」宣言！

あなたのウチの埋蔵金

リスクとストレスなく副収入を得る

荻原博子

家計の「埋蔵金」とは、転職や起業、しんどい副業、リスクの高い投資、つらい節約など「ストレスのかかること」を一切せずに、家計と生活の見直しで転がり込んでくるお金のこと。ノーリスクで毎月！ 年金がわりに！ 掘ってみませんか？ あなたの家計の10年安心を実現する一冊。